# 고양이의 기묘한 역사

*Le Chat*
*et ses*
*mystères*

# 고양이의
# 기묘한
# 역사

다니엘 라코트 지음
김희진 옮김

시대의무늬

도미니크,

기욤, 마틸드에게,

그리고 우아한

작은 흑표범

카를라도 빼놓을 수 없죠.

신은 인간에게
호랑이를 쓰다듬는 기쁨을 주기 위해
고양이를 만드셨다.

조제프 메리(1798~1866)

차례

# 고양이의 역사 •••••••••••••••••••••••••••••• 11

# 고양이의 역사

# 고양이의 조상

다정하고, 총명하고, 민첩하고, 재주 많고, 명민하고, 눈치 빠르고, 조용하고, 강인한 동물. 그러나 다른 한편으로는 길 들여지지 않고, 교활하고, 의심 많은 동물. 야생적인 동시에 인간과 친밀한 동물. 고양이는 그래서 매력 덩어리이다. 그 렇기에 많은 문명이 고양이에게 상징적인 지위를 부여해 왔 다. 무엇보다 큰 이유는 고양이라는 동물에게 언제나 수수께 끼가 깃들어 있었기 때문이다.

　이집트에서는 경배하는 신이었고, 중세에는 악마의 화 신으로 여겨졌던 고양이는 세월이 흐름에 따라 인간의 가장 친근한 벗이 되었다. 오늘날에는 북미는 물론 유럽의 많은 나라에서 가장 인기 있고 사랑받는 반려동물 지위에 올라 있을 정도이다.

그럼에도 고양이는 그에 얽힌 전설에 걸맞게 고유의 특수성을 지킬 수 있었다. 길들여진 동물은 대부분 이내 인간의 사회·문화적 조직에 의존하게 되는 반면, 고양이만은 완전한 독립성을 지켜왔기 때문이다. 사실 고양이는 길들여졌다 해도 홀로 살아가는 동물이다. 그리고 가장 독특한 특성은 야생의 본능을 잃지 않고 작은 설치류, 양서류, 조류 등을 잡아(외부의 도움은 전혀 받지 않고) 제 먹이를 스스로 조달하는 뛰어난 사냥꾼이라는 점이다. 이러한 적응 능력은 느리게 발전해 온 진화 논리 덕분에 고양이가 혼자서 삶을 영위할 수 있도록 프로그램되었다는 사실에서 기인한다. 특히 밤에 말이다.

그렇기에, 고양이가 사람과 함께 먹이가 풍부한 집 안에 살면 때때로 고양이의 행동은 변할 수도 있다. 그러나 만약 더 이상 주변의 도움을 받을 때처럼 행동할 수 없는 환경과 대면해야 하거나, 그런 환경으로 돌아가고 싶을 때가 생겨도, 고양이는 여전히 잘 살아남는다. 한편 사람 입장에서는 이 경이로운 반려동물의 근본적인 진정성을 고스란히 유지하려 애쓰는 것이 현명한 일일 것이다.

유감스럽게도, 보다 사교적인 종(種)의 고양이를 찾으려는 연구는 지나친 방향으로 나아가고 있다. 지난 60년 동안에만 과거 500년간 생겨난 것과 맞먹는 수의 새로운 종이 탄생했다. 이제 품종 개발 경향은 털의 아름다움이나 체격의 특징을 보존하고 개선하려는 노력보다는 고양이의 성격, 즉 붙임성 있게 굴 줄 아는 능력에 중점을 두는 성향을 띤다.

그 결과 확실히 어떤 은밀한 변화가 일어나고 있는 것으로 보인다. 그러나 이처럼 고양이의 사교성을 증대시키려는 무절제한 노력에는 넘어서는 안 될 한계가 있다. 품종 개량이 단 하나의 목적, 즉 콘크리트로 된 네 개의 벽에 둘러싸여 도시에서 살아가는 두 발 동물인 인간의 편리함을 도모한다는 목적에만 초점을 맞춰서는 안 되기 때문이다. 두말할 나위 없이, 인간의 이기주의를 만족시키기 위해 '인위적으로 만든' 가상의 이상적인 고양이를 창조해 낸다는 생각은 결코 정당화될 수 없다.

일상에서 반려동물과 함께하다 보면 신비로운 연금술을 발견하게 된다. 소통의 감각, 그리고 이와는 반대로 말하지 않아도 뭔가 통한다는 감각이 가장 큰 부분을 차지한다. 그러나 고양이와 조화로운 동거를 유지해 나가려면 무엇보다도 고양이의 감각적 세계의 특수성과 놀랍도록 다양한 그 생물학적 특징을 이해해야 한다. 고양이가 쓰는 '언어'의 매력과 미묘함을 해석하고 배우는 일 또한 빠뜨려서는 안 된다. 그리고 고양이를 보다 잘 존중하고, 특히 고양이가 가진 '개성'의 진정성을 보전하기 위해서는 고양이의 역사에 대해 알 수 있도록 노력해야 한다.

 2천만 년 전

지금으로부터 6천 5백만 년 전, 백악기가 저물면서 중생대도 막을 내렸다. 이 시대는 공룡들이 멸종한 때이다. 공룡뿐 아니라 당시에 살고 있던 생물 종 가운데 75퍼센트 이상이 멸종했다. 그러나 포유류는 무사히 살아남았다. 그리하여 포유류는 기나긴 번성과 진화의 시기를 맞이했다.

최초의 포유류는 육치류(肉齒類, Creodonta: 포유류 식육류에 속하는 종으로 지금은 멸종됨)이다. 이들은 약 6천만 년 전부터 5천 3백만 년 전까지 지구를 지배했다. 주로 물고기를 잡아먹었고, 어깨까지의 높이는 30센티미터에 불과했으며 목이 굵고 몸은 길었다. 그러나 육치류 역시 이유는 알려지지 않았지만 사라졌고 다른 부류의 육식동물인 미아키드(Miacidae)가 그 뒤를 이었다. 숲에 사는 포유류였던 미아키드를 굳이 오늘날의 동물과 비교한다면 막연하게나마 족제비와 닮았다고 볼 수 있다. 미아키드는 에오세(5천 5백만 년 전에서 3천 4백만 년 전, 신생대 제3기의 다섯 시기 중 두 번째) 내내 세력을 확장했다. 오늘날 우리가 아는 대부분의 육식동물(곰, 호랑이, 늑대, 하이에나, 고양이)이 여기서 태어나게 되며, 물론 각 과(科)의 동물은 저마다 처한 지리적, 기후적 환경에 적응해 나갔다.

시간을 훌쩍 뛰어넘어, 마이오세(지금으로부터 약 2천만 년 전에서 5백만 년 전까지의 시기, 신생대 제3기의 다섯 시기 중 네 번째)로 가 보자. 이 시대는 포유류의 진화가 한창 이루어진 황금시대이며, 이들은 원시적인 단계를 지나 현재 대부분의 동물에서도 알아볼 수 있는 특징을 지니게 된다. 다시 말해, 마이오세의 육식 포유류는 우리가 오늘날 볼 수 있는 동물과 매우 비슷하다.

따라서 약 2천만 년 전 최초의 고양이는 이미 척추와 매우 유연한 꼬리를 갖추고 있었다. 게다가 그들은 발가락 끝으로 걸어 다녔다. 전문가들이 오늘날의 고양이가 속하는 과인 고양잇과(felidae) 동물의 직계 조상으로 간주하는 프세우다일루루스(pseudaelurus)가 그랬듯 말이다.

그러나 이 계보에 속하는 몇몇 동물은 안타깝게도 오늘날까지 살아남지 못했다. 검과 같은 이빨을 지닌 무시무시한 고양이인 스밀로돈이 그 예다. 스밀로돈은 유럽과 아프리카에 살았지만, 아시아와 남북 아메리카 대륙에도 분포했다. 그러나 스밀로돈은 겨우 몇 백 만 년밖에 살지 못했는데, 이는 그 생리적 진화로 인해 아주 특수한 생태적 조건에서만 서식할 수 있었기 때문이다. 사실 스밀로돈에겐 길이가 15센티미터에 달하는 어금니가 있었으며, 덕분에 가죽이 두껍고 느리며 몸집이 육중한 대형 초식동물(예를 들면 매머드 같은)을 쉽게 제압하고 죽일 수 있었다. 그러나 가장 즐겨 먹던 먹잇감이 멸종하자 스밀로돈은 다른 동물은 사냥할 수 없었다. 그 후로 검 같은 이빨을 지닌 이 고양잇과 동물은 먹이를 구하지 못해 지구상에서 사라지고 말았다.

종들이 진화해 온 이 질서정연한 방식 속에서 또 하나 짚고 넘어가야 할 점은 고양잇과 동물의 발달과 관련 있는 다른 궁금증이다. 잠시 4억 년 전으로 되돌아가 보자. 당시 지구에는 '판게아'라 불리는 단 하나의 대륙밖에 없었다. 판게아의 북쪽은 로라시아(현재의 북아메리카, 유럽, 아시아 북부),

남쪽은 곤드와나(현재의 남아메리카, 아프리카, 인도, 오스트레일리아)라 불렀다.

로라시아와 곤드와나가 분리되면서 판게아의 해체가 시작되었다. 약 3억 년 전의 일이다. 뒤이어 이 두 대륙도 다시 여럿으로 나뉜다. 지각판들의 대규모 이동과 관련이 있는 이러한 분할에 따라 오늘날 우리가 접하는 대륙과 대양들이 탄생했다.

그리하여 약 8천 5백만 년 전 오스트레일리아 대륙이 곤드와나에서 떨어져 나왔다. 이는 최초의 고양잇과 동물이 출현하기 훨씬 전의 일이다. 다음으로 오스트레일리아는 남극 대륙과도 분리되었다(4천만 년 전이다). 그 후부터 고립된 오스트레일리아 대륙에서의 동물의 진화 과정, 특히 포유류의 진화 과정은 특수한 형태를 띤다. 그리고 오스트레일리아에서는 육식동물의 빈자리를 유대류(어미 배의 주머니에서 새끼가 발육하는 포유류)가 점령하게 된다. 또한 진정한 고양잇과 동물이 없기 때문에 '타이거 주머니 고양이'(학명은 다시우루스 마쿨라투스[dasyurus maculatus], 육식동물인 유대류이다)라는 작은 포식동물이 생태계에서 고양잇과 동물의 빈자리를 차지하게 된다.

19

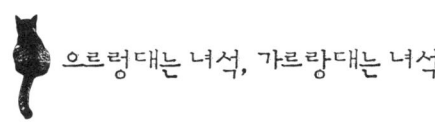
으르렁대는 녀석, 가르랑대는 녀석

포유류라는 이 커다란 강(綱) 내에서, 식육목(다른 동물의 날고기를 주식으로 하는 동물)은 다시 여러 개의 과(科)로 나뉜다. 그 중 하나가 고양잇과이다. 고양잇과는 지행성(趾行性), 즉 발가락으로 걷는 육식동물로 걸을 때 발바닥이 땅에 닿지 않는다. 고양잇과 동물은 온혈 척추동물을 먹이로 삼고, 커다란 송곳니와 안으로 숨길 수 있는 짧고 힘센 발톱이 있다. 이들의 주요 특기는 전광석화처럼 재빠르고 정확한 행동이며, 매복 사냥 기술과 집중력, 인내력 역시 그만큼 뛰어나다.

고양잇과는 다시 세 개의 큰 속(屬)으로 나뉘며 속은 각각 여러 종으로 나뉜다. 표범속(panthera)에는 대형 고양이가 들어가 있다. 사자, 표범, 호랑이, 재규어 같은 것들이다. 고양이속(felis)에는 크기가 작은 고양이들이 속한다. 마지막으로 치타속(acinonyx)에 해당하는 동물은 단 한 종으로 치타뿐이다.

시속 100킬로미터가 넘는 엄청난 속력을 내는 치타는 지구상에서 가장 빠른 동물의 지위를 차지하고 있다. 다른 고양잇과 동물과 달리 치타는 발톱을 움츠려 숨길 수가 없다.

한편 이런 발톱은 치타가 땅을 보다 단단히 움켜쥐는 데 도움이 된다. 그래서 치타는 더 뛰어난 접지력으로 최고 속력(그리고 특히 가속 능력)을 향상시킬 수 있다. 치타는 길들이기 쉽기 때문에 에티오피아에서는 오랫동안 인간의 곁에서 사냥을 돕도록 조련되었다. 인도에서는 치타의 눈을 가린 다음 사냥터로 이동시켰다.

다시 표범속 얘기로 돌아가 보면, 표범속에는 대형 맹수 대부분이 속한다. 이들은 그 기원과 특징의 많은 부분을 사촌뻘인 고양이속과 공유한다. 단지 크기의 차이만 있을 뿐이다. 표범속의 동물은 으르렁대며 포효하고, 고양이속의 동물은 가르랑대는 것이다!

대형 맹수들은 아프리카, 아시아, 남아메리카 대륙과 인도 아대륙에 많이 산다. 집고양이와 마찬가지로 이들도 태어났을 때는 앞이 보이지 않는 상태다. 그러나 식물을 먹고 영양을 보충하는 몇몇 육식동물(곰과 늑대)과 달리, 이들은 오직 척추동물만을 먹이로 삼는다.

치타와 달리 인도와 시베리아에 사는 호랑이는 결코 길들여진 적이 없다. 반면 호랑이는 재규어(신대륙에 사는 표범 비슷한 동물)와 마찬가지로 종종 우상 숭배의 대상이었다. 한편 아프리카와 아시아에 서식하는 사자나 아프리카 표범은 권력의 상징이었으며 왕권을 상징하는 문장으로 쓰였다.

19세기 전반에 걸친 무분별한 수렵의 결과 호랑이는 이제 보호 대상종에 속한다. 게다가 대형 맹수는 모두 지리적으로 상당히 널리 분포하고 있음에도 멸종 위기에 처한 상태이다. 재규어 역시 북아메리카에서 무분별한 수렵의 대상이었다(멕시코에는 몇몇 아종이 남아 있다). 천만다행히도 이들의 서식지는 매우 다양할 뿐 아니라 대부분 인간이 접근하기 힘든 곳인데, 이 점은 무엇보다도 강력한 보호책이 된다. 그럼에도 불구하고 모피 무역 때문에 이들 맹수의 수는 걱정스러운 수준으로 감소하고 있다.

마지막으로 유전자 지문 연구의 발전으로 머지않아 고양잇과 내의 종이 새롭게 분류될 수도 있다는 점을 지적하고자 한다. 혹은 적어도 표범속 내에서는 말이다. 예를 들어 지금은 흑표범이 표범의 한 변종에 불과하며 온전한 한 종은 아니라고 본다. 그리고 소형 고양이들(고양이속)과 매우 유사한 구름표범(neofelis nebulosa)은 어떠한가? 구름표범은 포효하지 못하지만 그럼에도 표범속의 대형 맹수로 분류되어 있다.

# 맹수와 다른 고양잇과 동물

다시 정리해 보자. 이 위풍당당한 고양잇과는 치타속(치타), 표범속(대형 맹수들), 고양이속 이렇게 세 가지 속으로 이루어져 있다. 이 중, 집고양이를 비롯해 많은 종을 포함하는 고양이속은 일단 나중으로 미루어 두기로 한다.

북아메리카와 남아메리카는 지형과 기후가 다양하기 때문에 고양이속의 많은 종들이 분포한다. 아메리카 대륙을 통틀어 대형 맹수를 대표하는 동물은 재규어가 유일하지만, 보다 몸집이 작은 고양잇과 동물은 널리 번성했다.

동물학자들은 이들 고양잇과 동물이 처음에는 북아메리

카 대륙에서 나타났다고 본다. 그 다음 이 동물들은 아메리카 대륙이 하나로 결합되어 있던 시대(250만년 전)에 점차 남쪽으로 퍼져 나가면서 진화해 갔다.

　고양이속의 소형 동물 중 가장 몸집이 큰 퓨마는 캐나다 남부에서 파타고니아(아메리카 대륙의 남쪽 끝)에 이르는 지역까지 번식했다. 그러나 지금은 점차 사라져 가고 있다. 다갈색과 노란색 바탕에 검은색으로 얼룩과 줄무늬가 진 아름다운 털을 지닌 오실롯(ocelot) 역시 모피 사냥꾼들의 집중 공격을 받아 비슷한 운명에 처해 있다. 집고양이보다 조금 크지만 몸집이 작은 오실롯의 일종인 마게이(margay)는 아르헨티나와 멕시코에만 남아 있을 뿐이다. 호랑이 무늬 고양이(온실라[oncilla]라고도 한다)는 마게이와 구분할 수 없을 정도로 비슷하게 생겼다. 호랑이 무늬 고양이는 아르헨티나 북부에 많이 사는데, 현재는 몹시 희귀하다.

　아메리카 대륙에 사는 가장 작은 고양잇과 동물은 무게 3킬로그램, 길이 50센티미터인 코드코드(kodkod)다. 주로 칠레 중부와 아르헨티나 서부에 산다. 그리고 해발고도가 무려 5천 미터에서도 살 수 있는 안데스산고양이와 나무 오르기와 헤엄치기의 명수 조프로이고양이가 있다. 코드코드, 마게이와 비슷한 이 고양이는 브라질과 볼리비아에서 주로 찾아

볼 수 있다.

북아메리카에 몸을 숨기며 살고 있는 스라소니는 동물 중 유일하게 대서양 양쪽에 모두 분포한다. 프랑스와 이탈리아에서는 자취를 감췄지만, 스칸디나비아부터 시베리아에 이르는 지역에는 아직도 남아 있다.

한편 아프리카 대륙에는 서벌속(serval)이 있다. 또 야생고양이 중 가장 몸집이 작은 검은발살쾡이, 고도가 높은 삼림에 사는 아프리카황금살쾡이가 있다. 모래살쾡이, 그리고 스라소니처럼 귀가 붓 끝처럼 뾰족이 치켜 올라간 카라칼(caracal)은 아프리카뿐 아니라 아시아에도 널리 분포한다. 발가락 사이에 부분적으로 물갈퀴가 달린 고기잡이살쾡이는 인도와 스리랑카 늪지에 주로 살고, 중국산고양이는 스텝(러시아와 아시아의 중위도에 위치한 온대 초원 지대) 지대와 중국 서쪽 산지에 있다. 그 외에 이란에서 중국 서부에 걸쳐 서식하는 팔라스고양이, 중국 북부의 표범살쾡이, 그리고 매우 희귀종인 히말라야 동부와 인도, 태국에 분포하는 마블고양이가 있다.

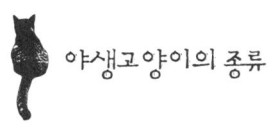

# 야생고양이의 종류

유럽야생고양이, 아프리카야생고양이, 아시아야생고양이 등
으로 나뉘는 야생고양이는 고양잇과에 속하며, 앞서 말한 것
처럼 소형과 중형의 많은 종으로 나뉘는 고양이속에 속한다.
숲고양이(야생고양이의 학명인 'felis silvestris'에서 'silvestris'는 '숲
의'라는 뜻이다)라고도 불리는 이들 야생고양이는 대형 맹수
와 닮은 꼴인데, 작게 줄여 놓은 모양이라는 점만 다르다. 야
생고양이는 특히 털가죽과 행동하는 모양새가 호랑이와 비
슷하다. 다만 야생고양이의 경우 꼬리가 짧고 끄트머리가 뭉
뚝한 경우가 있다. 이들은 경계심이 강해 길들여지기 어렵고
우리가 주위에서 쉽게 보는 집고양이가 속한 종과는 매우 다
른 특유의 종을 이룬다. 집고양이 역시 고양이속 내에서 독
립적인 종을 이룬다(고양이과 표범속에서 사자나 재규어가 별도
의 지위를 차지하는 것과 마찬가지다).

　한편 야생고양이(felis silvestris)와 집고양이의 교배는 가능
하기는 하지만 거기서 태어난 새끼는 허약하며 무엇보다 생
식 능력이 없다. 이는 두 종의 특수성을 뚜렷하게 드러내 준
다. 길고양이(집고양이가 야생 상태로 되돌아간 것)는 야생고양

이와 짝짓기 하여 새끼를 낳을 수 있지만, 흔히 생각하는 바와 달리 거기서 나온 새끼고양이(이종 교배의 자손에 해당하는 동물)들은 후손을 남길 수 없다.

마찬가지로 표범속에서는 사자와 호랑이가 함께 사육당할 때 두 종이 교미하여 '타이곤'이라 불리는 새끼를 낳는다. 이 경우도 역시 이종 교배로 나온 새끼는 생식 능력이 없다. 교배가 가능하지만 거기서 나온 2세는 후손을 남길 수 없다는 사실은 두 종이 완전히 다르기는 하지만 밀접한 관련이 있다는 사실을 증명한다.

많은 야생고양이가 스코틀랜드 황야에서 아프리카와 인도 사막에 이르기까지 다양한 기후 환경에서 번성해 왔다. 유럽야생고양이(프랑스와 독일을 비롯한 여러 나라에서 보호종이다)의 경우, 유전자 연구를 통해 지역에 따른 모든 변종이 동일한 하나의 종 안에서 별개의 군들을 이룬다는 점이 드러났다. 19세기 말까지 영국 전역에 널리 분포했던 스코틀랜드 야생고양이는 오늘날에는 에든버러에서 글래스고에 이르는 지역의 북쪽에 남아 있다. 그리고 에스파냐 야생고양이는 옛날에는 유럽 도처에 있었지만 지금은 소수 몇 군데 지방에만 겨우 남아 있다. 한편 인도의 사막고양이는 러시아에서도 찾아볼 수 있다.

인간을 두려워하고, 그렇기에 길들이기 불가능한 이런 야생고양이는 서로 미미한 차이만 있을 뿐이다. 이런 차이는 주로 각각 특정한 환경에 적응하는 과정에서 자연스럽게 생겨난 것이라고 볼 수 있다.

19세기 초까지는 집고양이의 조상이 유럽야생고양이라는 설이 일반적이었다. 18세기에는 그 조상이 훨씬 더 이국적인 종이라 여기는 사람들도 있었다. 집고양이에게 나름의 비밀스러움과 수수께끼가 있는 것은 사실이지만, 동물학자들은 아프리카야생고양이가 오늘날 집 주위에서 흔히 볼 수 있는 고양이 종 전체의 기원이라고 여긴다.

가까운 친척인 유럽야생고양이와 마찬가지로 아프리카야생고양이도 집고양이보다 더 발달한 두뇌를 타고났다. 그러나 유럽야생고양이와 가장 두드러지게 다른 점은, 아프리카야생고양이는 길들이기 쉽다는 점이다. 게다가 최근 유전자 지문 비교 연구를 통해 실제로 아프리카야생고양이를 집고양이의 가장 근접한 직계조상이라 여길 수 있다는 증거가 밝혀지고 있다.

역시 이집트를 요람으로 삼는 소형 고양잇과 동물 중 계보도에서 오랫동안 집고양이의 유력한 조상 후보로 여겨졌던 두 종류가 있다. 동물학자들은 이 추측을 완전히 배제한

다는 데 의견을 모으고 있는데, 모래고양이나 종종 늪고양이
라고도 불리는 정글고양이가 바로 그것이다.

# 인간의 곁에서

전문가들은 아프리카야생고양이를 집고양이의 공동 조상으로 인정한다. 그러나 인간 사회에 완벽하게 적응한 고양이의 단일한 기원을 찾는 연구는 저명한 동물학자들 사이에서도 여러 차례의 기나긴 논쟁을 일으켜왔다. (23쪽 '맹수와 다른 고양잇과 동물' 참조). 게다가 이런 논쟁은 여러 가지 세부적인 면에서 아직 끝난 게 아니며 여전히 고양이의 역사에서 수수께끼를 던져 주고 있다.

　마찬가지로 고양이의 길들임과 관련된 문제 역시 다양한 논란의 소지가 되기에 충분하며 그 논란의 일부는 지속될 수밖에 없다. 만일 우리가 '길들이기'라는 개념을 인간이 동물의 먹이와 번식을 통제한다는 의미로 받아들인다면, 고양이의 특수한 행동 때문에 정확한 연도를 측정하기는 몹시 어려워지기 때문이다.

사실 길들여진 고양이는 오늘날까지도 제 독립성을 공공연히 드러내 보이길 좋아하며, 대놓고 무관심하게 굴기까지 한다. 그리고 고양이는 따뜻한 집 안을 벗어나는 행동을 통해, 인간의 물질적 도움 없이도 생존할 수 있는 능력을 여전히 온전하게 지니고 있음을 증명하기도 한다. 무엇보다도 고양이는 어떤 경우에도 스스로 먹이를 구할 수 있는 탁월한 사냥꾼의 재주를 타고났기 때문이다.

전문가들이 명확히 밝히는 근본적인 요점은 고양이가 자유로운 선택으로 인간의 곁에서 살기로 마음먹었다는 점이다. 다른 동물들과 달리 고양이는 길들임에 굴복하지 않았다. 오히려 서서히 인간과의 동거를 받아들였다는 편이 옳다. 그리고 아프리카야생고양이 중 가장 사교적인 혈통들은 조금씩 속박의 상태에 적응해 가며, 행동과 환경의 계속적인 변화를 통해 집고양이라는 종을 탄생시켰다.

고양이가 길들여진 최초의 연대를 추정하는 이 과정에서는 고양이가 집 안에 정착한 동물이었는지, 아니면 야생성을 남긴 채 이따금 집을 방문하는 동물이었는지 구분하기 힘들다. 고양이는 자유와 독립성을 고스란히 지니고 있으면서도 인간의 존재에 전혀 겁먹지 않고 인간이 사는 곳에 자주 나타났을 가능성이 있다.

그러한 증거로 팔레스타인의 예리코 유적지(기원전 6700년)에서 발견된 고양이 이빨 하나가 있다. 터키의 하실라르 유적지(기원전 5000년)와 인더스 문명의 요람인 파키스탄 하라파(기원전 2000년)에서는 고양이의 뼈가 나왔다. 키프로스 섬에 있는 코이로코이티아 유적지(기원전 8000년)에서 집고양이의 흔적을 발견한 고생물학자들도 있다. 또한 어떤 이들은 중국의 허난성(기원전 2500년)에 고양이가 존재했던 흔적이 있다고 한다.

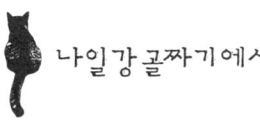 나일강 골짜기에서

앞서 말한 가설들은 여러 가지 근거에도 불구하고 신뢰성이 부족하다. 특히 발굴된 고양이 뼈의 상태가 문제가 된다. 오

류나 다른 해석의 여지없이 인간의 거처에 고양이가 실제로
존재했음을 확인하게 하는 유일하고 확실한 증거는, 이집트
의 그림과 조각상뿐이다. 바로 테베의 유명한 프레스코 벽화
(기원전 1300년으로 추정)가 그 예다. 이 벽화에는 다갈색 고양
이 한 마리가 목걸이를 걸고 여주인의 의자 발치에서 열심히
뼈를 갉아먹는 장면이 나온다.

　오늘날 이집트에서 가장 큰 유적지 중 하나인 테베는 가
장 유명한 고대 도시 중 하나였으며 제18왕조가 끝날 때까지
(기원전 1300년) 이집트 제국의 수도였다. 따라서 테베에 있
는 개인 지하 분묘 무덤들의 내벽에는 일상생활을 소재로 한
다양한 장면이 그려져 있고, 이 암석 벽화들은 당시 고양이
길들이기가 상당한 수준에 이르렀었다는 명백한 증거가 된
다. 모스타게다(중세 이집트)에서도 역시 가젤 한 마리, 그리
고 발치에는 고양이 한 마리와 더불어 매장된 사람의 무덤이
발견되었다(기원전 3000년). 그러나 이 경우 고양이가 인간과
어느 정도로 가까웠는지 판단하기는 어렵다.

　어쨌거나 기원전 4000년경 나일강 골짜기에서는 고양
이가 인간과 가까워졌다고 볼 수 있는 유적들이 발굴되었다.
아프리카야생고양이의 역사 속에서 이 중요한 단계는 앞서
언급했던 자발적 길들여지기가 이루어진 결정적 전환점의

순간이다. 바로 이 시대에 이집트의 나일강 주변 비옥한 땅에서는 농업이 대규모로 발달하면서 생태적 평형에 변화가 생겼다. 신석기 시대 최초로 생긴 정착 마을 주변에는 먹고도 남은 잉여 곡물이 쌓여갔다.

이러한 농업적 대변화(경작, 수확, 저장)는 인간 생활은 물론 다양하고 작은 동물들의 행동까지 변화시켰다. 무엇보다도 설치류(쥐류)의 대부대를 이끌었다. 농지가 늘어나고 농작물 비축물이 쌓이면서 밭과 곡식창고에는 먹잇감이 넘쳐났다. 이로써 아프리카야생고양이에게는 집집마다 호화로운 진수성찬이 가득해진 셈이다.

물론 인간은 별로 겁이 없고 붙임성 있으며 호기심이 풍부하고 쥐를 쫓는 데 도움이 되는 고양이의 존재를 크게 반겼다. 게다가 이 고양이는 뱀과 싸우는 솜씨도 뛰어났기 때문에(이 지역에는 위험하고 무시무시한 뱀이 많았는데, 이들도 점차 인간 거주 지역에 들어오게 되었던 것이다), 이 두 가지 면에서 고양이는 당시 사람들의 든든한 아군이 되었다. 그 후 고양이는 점차 인간과 거리를 둔 반려동물이라는 지위를 얻는다. 그리고 마침내 어엿한 반려동물이 되었다.

이집트 사람들이 반갑게 받아들이고 또 권장했던 결정적인 고양이와의 동거는 그 후로 이어지는 인간과 고양이의

애정 어린 관계의 시발점이 되었다. 고양이의 자발적 길들여
짐이 확실하게 이루어진 것은 기원전 1500년경이었다.

 ## 족제비와 흰족제비를 대신하여

반려동물을 찾는 과정에서 인간은 순식간에 고양이라는 이
작은 동물에게 푹 빠져든다. 고양이의 타고난 우아함은 무시
무시한 맹수들이 가진 손댈 수 없는 매혹적인 아름다움과도
흡사했다. 비단결 같은 털의 자태, 손으로 안을 수 있을 정도
의 적당한 크기, 나긋나긋하면서 야생적인 고상한 윤곽, 사
뿐한 발걸음, 날렵한 점프, 적당한 독립심, 한동안 수수께끼
처럼 사라졌다가 갑작스레 다시 모습을 드러내고 애교를 부
리며 몸을 비벼대는 모습……. 이러한 특징들은 고양이의 행
동에서 끊임없이 나타나는 미스터리와 더불어 호기심을 불
러일으킨다.

　최초로 고양이를 길들인 사람은 이집트인이었지만(앞서
말했듯 아프리카야생고양이 쪽에서 먼저 사람들에게 다가간 게 아

니라면 말이다!), 다른 민족들도 고양이에 대해 큰 관심을 보였다. 그리하여 그리스와 로마에서는 애완동물로 선호 받던 족제비나 흰족제비의 자리를 점차 고양이가 대신 차지하게 되었다. 쥐 사냥꾼으로서의 솜씨가 뛰어나기도 했지만, 고양이는 경쟁자인 족제비에겐 없는 다양한 매력을 갖고 있었다.

그러나 고양이와 인간의 동반 생활 첫걸음은 더디게 나아갔다. 길들이기가 이루어졌다고는 해도, 로마인들이 고양이를 진정으로 사회화시킨 시기는 약 4세기경으로 추정하는 편이 적당할 것이다. 하지만 서기 1세기 무렵에는 아프리카 야생고양이가 러시아 남부와 유럽 북부로 퍼져나간 것으로 보인다(특히 당시 로마 군대의 이동을 따라 고양이의 이동도 함께 이루어졌다).

연구에 따르면 인도에는 기원전 5세기에 페니키아 상인들을 따라 고양이가 들어왔다고 한다. 중국과 동남아시아에서는 4세기경 집고양이를 받아들였다. 그러나 이 부분에서도 역시 여러 주장이 엇갈린다. 사실 기원전 1천 년부터 아시아에 고양이가 있었다고 주장하는 이들도 있다.

한편 고양이가 신대륙에 진출한 시기는 상당히 늦었다. 확실한 사실은 16세기 프랑스 예수회 수도사들이 퀘벡 지방으로 가는 배에 고양이를 태웠다는 사실이다. 미국(물론 오늘날의 미국에 해당하는 당시의 지역을 말한다)의 경우, 집고양이는 1620년에야 들어왔다. 아마도 코드 곶(현재의 매사추세츠 주)에 정박한 메이플라워호에 타고 있던 149명의 어른과 아이들 틈에는 적어도 한 마리의 고양이가 끼어 있었던 것 같다.

　메이플라워호를 타고 온 칼뱅파 신교도들은 영국에서 조롱당하던 자신들의 종교적 믿음을 지키기 위해 대서양 건너 신대륙으로 몸을 피하고자 결심했다. 그들은 이후 아메리카에 연이어 식민지를 세웠다. 한편 고양이는 18세기부터 아메리카 대륙에서 크게 증식한다. 특히 펜실베이니아 주에서 늘어나는 쥐를 잡기 위해 고양이를 수입했던 것이 그 계기가 되었다.

# 신성한 동물

이집트 문명은 지금으로부터 약 5천 년 전, 초기 파라오 왕조가 수립되면서 발전하기 시작했다. 그리고 이집트의 사회생활에서는 종교가 지배적인 자리를 차지했다. 몇몇 신들은 특별한 숭배의 대상이었다. 신마다 각각의 경배 의식이 있었고 인기도 저마다 달랐는데, 이는 지역이나 연중 시기나 시대에 따라 달라졌다.

태양신 레(Rê, 라)는 이집트의 많은 도시에서 경배를 받았다. 그러나 레의 성지는 나일강 삼각주의 남쪽 끝인 헬리오폴리스(오늘날의 카이로 서쪽 교외에 해당)였다. 레는 매의 머리를 지닌 인간의 형상이었으며 머리 위에 태양 원반을 얹고 있었다. 레는 이집트의 만신 중 가장 중요한 신이었다. 레는 세계의 창조자이며 가장 중요한 여덟 신을 탄생시켰다고 알려졌다.

제4왕조가 수립된 이후부터(기원전 2575년) 레는 진정한 국가 수호신으로 널리 숭배 받게 되었다. 따라서 모든 파라오는 자신이 레의 혈통임을 내세웠으며 스스로를 레의 아들이라 불렀다. 전설에 따르면 제5왕조(기원전 2465년~2323년)의 처음 세 군주는 태양신 자체의 화신이라고 한다.

중왕국 시대(기원전 2040년경)부터는 점점 더 중요하게 숭배되고 보편성을 얻길 원하던 모든 지역의 신들이 태양의 면모를 띠게 된다. 그 필두에는 고대 이집트의 수도 테베 지방의 신 아몬(아멘)이 있었다. 아몬은 태양신 아몬-레가 되어 파라오를 수호하는 역할을 계속했다. 그리고 신왕국 시대(기원전 1550년~1070년)에는 최고신의 자리까지 올랐다.

물론 매년 태양신에게 바치는 성대한 축제가 벌어졌다. 당시 이 축제는 꼬박 한 달간 지속되기도 했는데, 작물의 생장기 다시 말해 농부들에게 딱히 밭일이 많지 않은 시기였다. 뿐만 아니라 각 지방에서는 그 지방만의 고유한 신을 섬겼으며, 그러한 신 역시 고유한 숭배와 축제, 의식의 대상이었다. 그러나 구조를 갖춘 모든 신화적 범신론이 그렇듯 이집트인에게도 작은 신들이 있었다. 이런 신들은 이집트의 대표적인 신 레, 하토르(사랑과 아름다움의 여신), 토트(지혜의 신), 이시스(풍요의 여신), 호루스(태양신), 오시리스(대지의 신) 등에 비하면 부차적이었지만 일상생활의 어려움을 해결하는 데 있어서는 독보적인 힘을 지니고 있었다. 그렇기에 실제 인간 생활과 훨씬 더 밀접하게 연결되어 있었다.

거의 3,000년 동안 이집트 문명과 함께했던 이 신들은 대개 동물과 결부되었다. 지식과 글쓰기의 신 토트는 때로 개코원숭이, 이비스(따오기과에 속하는 새-역주)의 머리를 지닌 인간의 형상을 했다. 장례 의식과 미라 제작을 주관하는 신 아누비스는 재칼 혹은 재칼의 머리를 한 인간의 모습이었다. 그리고 바스트(고대 이집트의 여신)는 암고양이나 여성의 몸에 고양이 머리를 한 것으로 그려졌다.

사랑과 기쁨의 여신인 바스트는 중왕국과 신왕국 시대에 걸친 400년 동안(기원전 2040년~1555년) 경배의 대상이었다. 암고양이가 바스트의 상징이 된 것은 기원전 1800년경으로 보인다.

인간을 유익하게 하는 신인 바스트와 대조되는 것이 바스트와 자매 여신인 강력한 세크메트다. 세크메트는 암사자 형상의 여신으로 전쟁의 신이다. 때때로 레의 눈이 되기도 했다. 멤피스에서 숭배되던 세크메트는 태양의 적들을 파괴하고 전염병을 퍼뜨렸으나 동시에 치유를 불러오는 신이기도 했다. 바스트는 사자보다 덜 호전적인 동물인 고양이로 나타났는데, 세크메트의 온순한 형태로 그려진 셈이다.

 모성신

달의 여신 바스트는 출산을 주관했다. 해산을 돕고 가족을 보호하는 여신이었다. 이러한 관념이 널리 퍼지게 된 것은 고양이의 모성 행동과 다산성에 대한 관찰 후 우러나온 것이라 볼 수 있다. 바스트가 암고양이와 결부된 데에는 확실히 이런 관념이 중심적인 역할을 했다. 바스트에 대한 숭배가 강력해진 시기는 일반적으로 고양이가 길들여졌다고 인정하는 때와 일치하기 때문이다.

　다산성에 명백한 영향을 끼치는 것이라 여겼던 달과 관련이 있기에 바스트는 흔히 그리스의 여신 아르테미스(로마의 디아나)와 동일시되었다. 이런 연관은 주로 아르테미스가 달의 여신이라는 면모에 초점이 맞춰진 것이다. 다른 면에서 두 여신은 별로 공통점이 없다. 아르테미스는 예민한 성격의 아름다운 수렵의 여신이지만 처녀이자 순결한 여신이다. 이런 두 가지 특성은 바스트와는 거리가 멀었다.

또한 우리는 다른 아르테미스, 즉 에페소스의 아르테미스를 생각해 봐야 한다. 에페소스의 아르테미스는 사랑을 거부하기는커녕 아무런 자제 없이 자유롭게 사랑을 즐겼다. 그리고 부풀어 오른 여러 개의 유방으로 인간들에게 젖을 먹였다. 따라서 상징하는 바가 바스트와 훨씬 더 닮은 신이라 할 수 있다. 우리는 이집트 여신 바스트를 그리스의 아르테미스와 연관 짓게 된 것이 두 아르테미스 간의 혼동에서 온 것이 아닌가 의문을 가질 수 있다.

처음에는 왕실 자녀들의 보호자이자 유모였으며 나중에는 이집트의 모든 갓난아이들의 보호자가 된 바스트는 이내 음악과 춤의 여신이자 의사와 주술사들이 경배하는 신 같은 부차적인 역할도 맡게 되었다. 그러나 근본적으로 바스트는 모성신이라는 관념과 분리할 수 없는 여신이었다. 이러한 점에서 이 경우에는 이견 없이 그리스의 아프로디테(로마의 베누스) 여신과 유사성을 가진다. 또한 짚고 넘어갈 점은 바스트가 스칸디나비아 다산의 여신 프레이야는 물론 사랑의 여신 프리그와도 이상하리만치 닮았다는 것이다. 프레이야는 휘황찬란한 수레를 타고 다니는데, 이 수레를 끄는 것은 두 마리의 위풍당당한 고양이다.

 달의 상징

이집트인들은 고양이의 동공이 달이 차고 이지러짐에 따라 커졌다가 가늘어졌다 한다고 믿었다. 게다가 그리스의 윤리학자이자 전기작가 플루타르코스(49~125년)는 암고양이가 평생 동안 일곱 차례(마법의 숫자)에 걸쳐 총 28마리(음력으로 한 달의 날 수)의 새끼고양이를 낳는다는 말로 바스트와 달의 상징성을 한층 강화시켰다. 그러나 고양이는 태양과 관련된 전설과 연관되기도 한다.

고양이와 태양의 연관성은 고양이가 보여 주는 사냥꾼으로서의 재능에 대한 관찰에서 비롯되었다. 우리는 이미 고양이가 인간의 신임을 받게 된 것은 밭과 곡식창고에서 쥐를

싹 없애 준 덕분이라는 것을 알고 있다. 하지만 아프리카야 생고양이의 경우 뱀을 없애는 솜씨도 탁월했다.

그런데 그 시대 이집트 전설에 따르면, 태양신 레(이후에는 아몬-레)는 매일같이 배를 타고 하늘을 가로지르는 여행을 다녔다. 밤이면 레는 암흑의 영역(저승)을 여행했다가 되돌아와 매일 아침 낮의 여정을 계속했다.

따라서 이 전설은 밤과 낮의 리듬을 설명해 준다. 그런데 문제는 거대한 뱀 모습을 한 사악한 신 아포피스가 태양과 맞서 싸우려고 한다는 것이다. 성경 속에서와 마찬가지로 이 뱀은 악과 혼란, 어둠의 힘을 상징한다. 그때에는 아직 존재하지 않던 사탄의 화신인 셈이다. 아포피스의 목적은 태양이 매일 아침 새로 태어나 온 누리의 질서와 조화를 유지하는 것을 막으려는 것이다. 그러나 헬리오폴리스의 페르시아나무 안에 거대한 수고양이(혹은 빛의 고양이)가 웅크리고 앉아 이를 감시한다. 그리고 수고양이는 매일 동이 틀 때마다 용을 닮은 뱀인 아포피스를 무찌른다. 여러 프레스코화와 상아 조각상에는 뱀과 싸워 승리하는 고양이의 결투 장면이 담겨 있으며, 그 연대는 기원전 2000년 전까지 거슬러 올라간다.

고대 이집트 주거지인 '데이르 알 메디나'에 있는 안
후르카우의 무덤 속 거대한 수고양이 그림.

 저세상의 비밀

이집트 문명에서 고양이는 이중의 상징, 즉 달과 태양의 상
징을 동시에 지닌다. 어찌 보면 '주의를 게을리하지 않는 잠
꾸러기'라는 특성, 혹은 손쉽게 어둠을 꿰뚫어 보면서 한낮
의 빛에도 전혀 상처를 입지 않는 눈 속에 고양이의 양면성

은 이미 드러나 있는 듯하다.

고양이는 태양신의 배가 매일 떠나는 여행의 비밀을 전해 받았으며, 따라서 어둠의 땅에 대해서도 알고 있었다. 자연히 고양이는 저편으로 이어진 기슭으로 나아가는 법을 알았다. 마치 수수께끼에 싸인 '저승'에 도달하는 비밀을 쥐고 있는 것처럼, 뿐만 아니라 삶으로 돌아오는 부활의 열쇠를 지니고 있는 것처럼 말이다. 고양이는 레의 충성스런 부하로서 괴물 같은 아포피스와 싸워 레를 지킨다. 그러나 고양이는 임신한 여인들과 갓난아기, 아이들과 가정의 수호자인 다산의 상징이기도 하다.

이처럼 많은 힘을 지니고 있었기에 고양이는 인간의 마음을 빼앗을 수밖에 없었다. 그리고 실제 가능한 부분은 물론 상상적인 면 모두에서 혜택을 누렸다. 존경받고, 먹이를 얻고, 보호받고, 심지어 방부 처리를 거쳐 미라가 되어 바스트의 자녀들만 들어갈 수 있는 지하 분묘에 묻히기까지 했다. 이처럼 고대 이집트의 고양이는 신성한 동물의 지위에 올랐다. 고양이를 죽이는 것은 설령 실수라 할지라도 사형에 처해질 수 있는 중죄였다. 그리고 한 가정의 고양이가 죽으면 그 가족은 상복을 입어야 했고 슬픔에 빠진 집주인들은 눈썹을 밀었다.

제19대 왕조(기원전 1307~1196년)가 도래하고 부바스티스가 테베를 제치고 새로운 중심지로 부상하면서 바스트 숭배는 크게 발전했다. 피-바스티트, 즉 '바스트의 집'이라는 이름의 그리스어 형태인 부바스티스는 기원전 950년 리비아 출신의 군사령관 셰숑크 1세(기원전 950~929년)가 즉위했을 때 그 전성기에 달했다.

하이집트의 나일강 동쪽 지류에 위치한 부바스티스는 그때부터 오직 바스트에게만 바쳐지는 호화로운 축제의 중심지가 되었다. 당시에 고양이 여신 바스트는 이집트에서 가장 중요한 신으로 여겨졌으며 그녀를 경배하는 종교제전에 참가하기 위해 매년 수만 명의 열렬한 순례자들이 찾아왔다. 그리스의 역사학자 헤로도토스(기원전 484~425년)는 특유의 단순하고 솔직한 필치로 이 호화로운 제전을 서술했다. 한편 1887년에서 1889년에 걸쳐 이루어진 발굴 작업으로 헤로도토스가 묘사했던 신전이 발견되었다.

사카라(카이로 남서쪽으로 35킬로미터 정도 떨어진 곳에 위치한 곳으로 오늘날에는 고고학 유적지가 되었다. 고대 도시 멤피스의 주요 지하 분묘가 있던 곳이다) 역시 바스트를 향한 경배의 장이었다. 바스트를 기리는 뜻에서 세워진 어느 신전 안에서는 신성한 고양이들을 길렀고 사제들은 격식을 갖춰 고양이를 바구니에 담아 사람들 앞에 내보였다. 부바스티스와 헬리오폴리스에서도 역시 신성한 고양이를 키웠다.

고양이에 대한 이러한 열광은 바스트 여신에 대한 경배로 이어지는 의식들보다 훨씬 이전부터 있었다. 고양이는 제11대 왕조(기원전 2000년경) 초기부터 멘투호테프 3세 같은 군주들의 총애를 받아왔다. 또한 신왕국 시대에는 파라오 아멘호테프 3세(기원전 1391~1353년)의 왕비가 고양이에 대한 애정을 숨김없이 드러냈다. 아멘호테프 4세(일명 아크나톤, 기원전 1353~1335년)의 형은 암고양이 한 마리를 몹시 애지중지해 호화찬란한 석관을 제작해 주기까지 했다.

그런가 하면 당시 테베의 귀족 전용 지하분묘 개인 무덤 내벽에는 고양이를 표현한 그림이 아주 많았다. 늪지대에서 사냥 하는 모습을 그린 프레스코화에도 고양이가 등장한다.

기원전 1000년으로 거슬러 올라가는 이 그림에서 사냥꾼이 고양이를 몰이꾼으로 훈련시킨 모습을 볼 수 있다. 고양이가 파피루스 틈에 숨은 오리와 왜가리 같은 새를 찾아 몰면, 사냥꾼은 부메랑 비슷한 도구를 던져 새를 잡았다.

# 고양이 숭배

중왕국 시대(기원전 2000년경) 이집트에서 이미 고양이는 고위 귀족들의 충실한 반려동물이라는 지위에 올랐다. 당시 비문을 보면 고양이가 길들임의 과정을 거쳐 어렵지 않게 점점 더 많은 가족의 신뢰를 얻었음을 알 수 있다.

보호받고 존경받던 고양이는 멘투호테프 왕가인 제11왕조(이집트 제11왕조는 이집트 제1중간기 것은 건립되어 중왕국 시대의 문을 연 왕조이다. 대략적으로 기원전 2134년부터 기원전 1991년까지 존속하였다)의 파라오들 곁에서 선택된 자리를 차지하기까지 했다. 그러나 고양이가 신성한 동물로 격상되는 것은 몇 세기 후의 일이다.

테베의 왕족 사이에서는 군주나 그 배우자가 총애하던 고양이가 죽으면 호화로운 석관에 안치되어 매장하기도 했다. 고고학적 조사로 드러난, 기원전 1350년경의 것으로 추정되는 묘소에 그 증거가 남아 있다.

사실 고양이 숭배가 가장 맹렬한 수준에 이른 것은 제19왕조(기원전 1307~1196년)가 수립되었을 때였다. 이때 부바스티스가 테베를 제치고 이집트 왕국의 수도가 되었다. 부바스티스가 전성기를 누린 것은 기원전 950년 경으로, 최초의 고양이 미라가 나타난 때도 이 무렵이었다.

고양이 미라 제작이라는 이 종교적 신앙 행위는 사회적으로 엄청나게 번졌다. 이후 무려 400년 동안이나 그 열기는 식지 않았다. 고양이 미라 제작은 페르시아 점령기(기원전 525~404년) 전성기에 달했지만, 이 지역이 그리스 문명의 영향을 받게 된 후에도 200년간 지속되었다.

고고학자들은 이집트 곳곳에서 16개 이상의 고양이 묘지를 발굴했다. 가장 주목할 만한 묘지가 있는 곳은 사카라(이집트 카이로 남쪽 24km 지점, 나일 강 서쪽 기슭에 있는 마을. 부근에는 고대 이집트의 도시 멤피스와 함께 마스타바 고분이 있으며, 계단식 피라미드가 흩어져 있다), 베니하산(이집트 나일 강 서쪽 연안, 카이로 남쪽 약 250km 지점에 있는 마을. 기원전 2000~1900년에 만들어진 암굴 분묘와 아르테미스를 모신 암굴 신전으로 유명하다. 오늘날 미냐([El Minya, 이집트 중부 나일 강변의 도시]에서 몇 킬로미터 정도 상류에 있는 마을), 그리고 물론 부바스티스이다.

 ## 바스트의 은총을 이끌다

베니하산의 바스트 여신에게 바쳐진 신전 터에서 발견된 고양이 미라 수는 무려 30만 개에 이른다. 그러나 이 고양이 공동묘지는 19세기에 대부분 약탈당했다. 미라의 대부분은 영국인들이 가져갔다. 고양이 미라는 보물창고 같아서 다양한 분야에 걸쳐서 전 세계 과학 연구 단체들의 호기심을 충족시켜 줄 수 있었을 것이다. 그러나 불행히도 베니하산의 미라들은 그저 으깨져 버리고 말았고, 그 부스러기는 비료로 팔렸다.

이집트 문명에서 사체를 미라로 만드는 의식은 대단히

중요했다. 이 작업은 시체 방부 처리를 전문으로 하는 사제들에 의해 이루어졌으며 70일에 걸쳐 지속되었다. 미라(시신을 송진에 적신 아마포 붕대로 감싸고, 얼굴에는 가면을 씌워 치장했다)는 보통 서로 포개진 두 개의 관 안에 안치되었으며, 이 두 개의 관 역시 석관이라 불리는 돌로 된 커다란 궤 안에 봉인되었다.

귀족 계층은 미라를 만드는 데 아낌없이 돈을 쏟아부어 의식을 치렀는데, 이런 호사스런 대접을 누릴 수 있는 고양이는 극히 일부였다. 그러나 고양이 미라들을 보면, 그 제작을 담당한 이들이 대단히 훌륭한 작업을 해냈음을 알 수 있다. 고양이의 몸은 회반죽을 바른 아마포 붕대로 넉넉하게 감쌌다. 일반적으로 고양이의 앞다리는 흉부 위에 붙이고, 머리에는 염색한 천으로 만든 가면을 씌웠다. 인간의 경우와 마찬가지로 고양이의 시신 역시 이런 처리를 거쳐 이집트에서 그토록 두려워했던 사후 육신의 부패에 맞서 견딜 수 있었다. 대부분의 경우 어린 고양이로 미라를 만들었는데, 우선 고양이를 탄산소다(탄산나트륨이라고도 부르며 습기를 빨아들이는 성질이 있다) 속에 담근 후 붕대로 감쌌다. 사람의 시신역시 종려나무 술로 몸을 씻긴 다음 탄산소다로 덮었다.

그런데 과학자들은 미라가 된 고양이 중 일부에서 폭력

을 당한 흔적, 특히 목뼈가 부러진 자국이 있음을 밝혀냈다. 대개 이런 고양이들은 희생 제의에 바쳐진 제물이었을 가능성이 높다. 오직 바스트 여신의 은총을 받기 위한 목적으로 행해졌다는 점에서 고양이에 대한 숭배와 충분히 양립 가능한 행위이다. 경배를 받고, 여기서는 의식에 따른 희생양이 됨으로써, 고양이는 자신을 수호하는 여신에게 바쳐지는 종교적 봉헌물이라는 지위에 올랐다.

　또한, 다른 미라들은 목 졸려 죽은 아기고양이인 것으로 판명되었다. 바스트에게 바쳐진 신전과는 멀리 떨어진 곳에서 몇 달, 혹은 몇 주 동안 키워진 어린 고양이들이다. 그러므로 이들은 사제들이 애지중지하며 길러 자랑스럽게 전시한, 호사스럽게 산 성스러운 고양이들과는 아무런 관련이 없다.

　이 아기고양이들은 미라가 된 후 바스트 숭배의 장소들

을 돌아보는 순례자들에게 팔렸다. 그리하여 부적 구실을 했는데, 이 부적의 목적 역시 바스트 여신의 은총을 이끄는 것 (혹은 여신의 은혜에 감사하는 것)이었다. 일화 삼아 말해두자면, 이런 고양이 미라 중 일부는 그 안에 뼛조각 몇 개가 든 것이 고작이었다. 수요는 넘쳐나는데 키울 수 있는 고양이 수는 턱없이 부족했으므로, 아기고양이 한 마리를 분해해 여러 개의 미라로 만들었기 때문이다. 끔찍하지만, 이는 종교적 숭배와 관련된 이 유망한 시장의 경영자들 중엔 사기꾼이 많았다는 증거가 된다.

 페르시아 군대의 선두에서

그리스의 역사학가 헤로도토스의 저서를 살펴보면 기원전 5세기경에는 이집트 사회의 모든 계층에 고양이가 널리 정착해 있었음을 알 수 있다. 그것도 상당히 오래 전부터 말이다. 그러나 당시 문명에서 고양이가 얼마나 중요했는지 알려주는 몇 가지 상황을 살펴보면 흥미로운 점을 몇 가지 더 발견

할 수 있다.

한 예로, 기원전 525년부터 521년까지 페르시아 아케메네스 왕조의 왕이었던 캄비세스 2세가 이집트를 정복하고 제27왕조를 세웠을 때, 그는 나일 강에서 가장 동쪽 지류(포트사이드[이집트 동북부, 수에즈 운하의 지중해 쪽 어귀에 있는 항구 도시] 남동쪽)에 있는 펠루시움(이집트 고대 도시) 항구에서 결정적인 승리를 거두었다. 물론 페르시아 군사들의 용맹함은 승리하기에 결코 부족하지 않았다. 그러나 페르시아 군대는 부대 앞에 고양이를 앞세우는 전략을 사용하여, 고양이들이 군사를 이끌도록 했다. 그 결과, 펠루시움을 방어하던 이집트군은 페르시아군과 전투를 벌일 엄두도 내지 못했다. 감히 신성한 동물인 고양이와 맞서 싸우거나, 고양이를 죽일 수도 있다는 두려움 때문에 용맹한 군사들이 꼼짝하지 못했던 것이다.

이로부터 약 500년 후 또 다른 비슷한 사건이 일어났다. 이번에는 클레오파트라 7세의 아버지이며 '아울레테스', 즉 '피리 부는 자'라는 별칭이 있던 프톨레마이오스 12세와 관련이 있다. 기원전 80년에서 58년(이후에는 기원전 55년과 51년)까지 이집트의 왕이었던 프톨레마이오스 12세는 로마와의 전쟁을 두려워해서 로마가 키프로스(지중해 동부 키프로스 섬)를 빼앗아 가도록 그냥 방치했다. 결국 이를 계기로 이집트 국민들이 그동안 쌓인 불만이 폭발해 반란을 일으키자, 3년간(기원전 58년~55년) 로마로 피신했다. 이후에는 로마 덕택에 겨우 권력을 되찾았기 때문에, 왕은 점점 더 세력이 커져만 가는 이 불편한 이웃(즉 로마)에게 그 무엇도 거역할 수 없는 난처한 입장이 되었다.

그는 이집트에 거주하는 로마인들을 매우 호의적으로 대했는데, 그러던 어느 날 한 로마인이 실수로 고양이를 죽이는 사고가 발생했다. 프톨레마이오스 12세는 전지전능한 이집트의 왕이었음에도 불구하고, 신성한 동물인 고양이를 죽인 로마인이 재판을 받고 처형당하는 과정에서 아무런 반대도 행사할 수 없었다. 이는 서기 원년을 고작 얼마 앞두고 내려진 가장 엄격한 선고였다.

 지브롤터 해협을 넘어서

이집트인들은 고양이에게 '야옹' 하는 그 매혹적인 울음소리

를 연상시키는 의성어를 따 이름을 붙였다. 바로 '미에우'라는 이름이다. 그리스와 라틴어 작가들은 고양이를 아일루로스(ailouros), 즉 '꼬리를 흔드는 것'이라 지칭했다. 헤로도토스는 물론 후대의 그리스 역사가 디오도로스(기원전 90~20년)는 고양이를 이국적이고 진기한 동물로 여기지 않았다. 이들은 굳이 고양이의 신체적 특징을 따로 묘사하지 않았다. 이는 그리스와 시칠리아, 크레타 섬에서 고양이가 자연스러운 존재였음을(길들여진 상태는 아니었지만 그래도 친숙한 동물이었을 것) 말해 주는 증거다. 이는 전혀 놀라운 일이 아닌데, 고대 지중해 연안 국가들은 활발한 해상 교류를 했기 때문이다. 상업적 교류는 물론 군사적 교류도 왕성했다. 또한 이러한 다양한 교역 때문에 의도적이었든 아니었든 고양이 역시많은 수가 오고 갈 수 있었다.

예를 들어, 가나안 땅에 살던 가나안 사람들은 기원전 3천 년 경에 이미 이집트와 상업 교류를 했다. 기원전 1200년 무렵에는 '바다의 민족'이라 불리는 부족들이 크레타, 시리아, 에게 해 섬까지 세력을 뻗쳤다. 그들은 이집트를 공격했다가 람세스 3세에게 격퇴 당했지만(기원전 1194년과 1191년), 그 중 하나인 펠리시테인 인들(성경에 나오는 블레셋 인들-역주)은 가나안 연안에 정착했고 그 땅에 '팔레스타인'이라는 이름을 남겼다. 이 가나안 인들은 이후 '페니키아 인'이라 불리게 되었으며, 에게 해와 미케네 주변 왕국들의 해상 세력이 약화된 것을 기회로 기원전 700년경 지중해에서 가장 왕성한 무역을 하는 민족이 되었다.

페니키아 인은 지중해 동쪽 연안(팔레스타인), 비블로스(오늘날의 제바일), 베리토스(베이루트), 티레뿐만 아니라 몰타, 시칠리아, 사르데냐에까지 정착했으며, 아프리카 북쪽 연안에 호화로운 도시 '카르타고'를 세웠다. 방문하는 고장마다 경탄을 불러일으키는 휘황찬란한 선박을 타고, 이 가나안-페니키아 인들은 지중해 모든 연안에서 무역을 발전시켰다. 주요 거래 품목은 삼나무 목재, 색유리, 상아, 자줏빛 옷감 등이었다. 다음으로 그들은 에스파냐 남쪽에 다다랐다. 지브롤터 해협을 넘어 브리튼 제도(오늘날의 영국과 아일랜드에 해당-역주)로 가는 무역로는 물론 은과 주석 광산으로 향하는 길까지 개척했다. 이 끊임없는 여행의 길 이곳저곳에 길들여진 정도는 달랐겠지만 고양이를 소개했을 것이라 추측할 수 있다.

한편 그리스 문명은 쥐를 쫓기 위해 족제비, 흰담비, 흰족제비 등의 동물을 이용했다. 그러나 기원전 4세기 무렵부터 이집트 땅에서 고양이의 다양한 매력을 발견하게 되면서 그리스인들 역시 길들여진 고양이를 사랑하게 되었다.

또한 이집트의 집고양이가 본격적으로 유럽에 전파되기 시작한 것은 이 시기였다고 확정할 수 있다. 이집트에서 고양이가 지닌 신성한 지위를 생각했을 때 그것이 어려운 일이었으리라 여겨지긴 하지만 말이다. 고양이 거래라는 불법적이고 신성 모독적인 일을 감행하는 사람들에게는 처벌이 가해졌을 것이 분명하다.

마지막으로 이후 로마 제국이 확장해 나가면서 유럽으로 퍼져나갔던 로마 군단의 이동이 고양이가 크게 확산되는 데 기여했다. 툴루즈나 뤼테스(파리의 옛 명칭-역주)의 고고학 유적지에서 발견된 서기 1세기경으로 추정되는 고양이 유골들이 이를 뒷받침한다. 그러나 로마인들이 들어오기(기원전 122~58년) 이전에도 갈리아 지방에는 길들여진 고양이가 있었다는 점에 대해서는 많은 전문가들이 의견 일치를 보인다. 이는 상당히 설득력 있는 가설인데 기원전 6세기부터 지중해 연안과 갈리아 지방, 브리튼 제도 사이에는 다양한 문화적 교류 관계가 있었기 때문이다.

 무함마드의 총애를 받은 작은 동물

서기 1세기경까지 고양이는 주로 브리튼 제도와 갈리아 지방 남부에 퍼져 있었으나, 로마 제국 말기(5세기)에는 서유럽 전체에 퍼지게 되었다. 흥미롭게도 연구자들은 영국 실체스터의 로마 도시 유적의 기왓장에서 고양이 앞발 두 개가 남긴 발자국 두 개를 발견했다. 말리는 중이던 기왓장의 아직 촉촉한 점토 위에 고양이가 제 덧없는 삶의 자취를 새겼을 그 짧은 순간을 생각하면, 참으로 감동적인 흔적이라 할 수 있다.

서유럽 백여 군데의 고고학 유적지에서 행해진 발굴 조사 결과를 보면, 5세기 무렵 고양이는 지리적으로 상당히 널리 분포하고 있었다(프랑스, 영국, 독일, 헝가리, 덴마크). 동양에는 기원전 2세기 즈음부터 고양이가 있었음이 확인된다. 인도에서 집고양이를 키우는 모습은 종교 의식 속에 처음 등장한다. 다산의 여신이 고양이를 탄 모습으로 그려지는 것이 그 예다. 불교 승려들이 이집트 사제들이 그랬듯 신성한 고양이를 길렀다는 주장도 있다. 어쨌거나 고양이는 동양 전역에서 오랫동안 특권적인 지위를 누렸다.

페르시아 전설에서 고양이는 사자의 재채기에서 태어났다고 한다. 그러나 무엇보다도 고양이는 이슬람교의 창시자 무함마드(570~632년)와 관련이 깊다. 전설에 따르면, 무함마드가 뱀에게 물려 거의 죽을 뻔한 위기에 처했을 때 고양이가 그를 구해 주었다고 한다.

다른 일화는 다마스쿠스에서 무함마드가 곁에 두었던 '무에자'라는 이름의 암고양이에 관한 것이다. 어느 날 무에자는 무함마드의 윗옷 소매 위에서 잠이 들었고, 무함마드는 잠자는 고양이를 방해하고 싶지 않아 소매를 자르고 옷을 입었다고 한다. 이러한 전설은 고양이가 특권적인 지위를 얻는 데 일조했다. 그리고 고양이가 모스크에 들어갈 수 있도록 허가받은 것도 이 일화에서 유래했다.

# 동화의 주인공이 된 고양이

고양이를 둘러싼 미스터리는 단지 그 기원의 복잡함과 고양이가 길들여지기까지의 모호한 역사에만 국한된 것은 아니다. 수수께끼 같은 행동 역시 고양이가 발산하는 교묘한 마술의 큰 부분을 차지한다. 그러나 고양이를 가리키는 이름조차 확실하게 부여된 것이 아니라는 것은 잘 알려져 있지 않은 사실이다.

　로마 제국이 멸망한 이후부터 12세기까지 고양이는 유럽 대륙 거의 대부분을 삶의 터전으로 삼게 된다. 라틴어로 펠리스(feils)라 불리던 고양이는 카투스(cattus, 보다 이후에는

catus)라 불리게 된다. 이 단어는 4세기 농학 논문에 최초로 등장한다.

그 이전에 고양이는 여러 가지 명칭으로 불렸다. 길들여지던 초기에 이집트인들은 고양이의 울음소리를 따서 '미에우'라는 예쁜 이름으로 불렀다. 한편 그리스인들은 고양이를 '아일루로스(ailouros)'라 불렀는데, 이 단어는 '흔들다'라는 뜻의 아이올로스(aiolos)와 '꼬리'를 뜻하는 우라(oura)에서 왔다. 그리스어로 고양이를 가리키던 단어 중에는 갈레 카토이키디오스(galè katoikidios), 즉 '집 족제비'라는 표현도 있다.

오늘날 카투스와 연관이 있다고 주장되는 많은 다른 단어들로는 카디스카(kadiska[베르베르어]), 카디스(kadis[누비아어]), 카토(katô[시리아어]), 키트(qitt[아랍어]) 등이 있다. 대부분 유럽 언어의 고양이를 지칭하는 모든 단어의 어원에서 찾아볼 수 있는 단어인 카투스가 생겨나는 데 명백하게 영향을 끼친 어휘들이다. 그러나 다른 어원설을 열성적으로 주장하는 이들도 있다. 카투스라는 단어가 '붙잡다'라는 뜻의 라틴어 캅타레(captare)와 연관이 있다고 주장하는 이들이다. 확실히 '붙잡기'가 고양이의 뛰어난 재주임은 분명하다.

카투스에서 직접 유래된 단어인 프랑스어 샤(chat)는 12세기 말엽 자리를 잡았다. 그리고 13세기 세속 문학의 발전과 더불어 그 쓰임이 급성장했다. 따라서 이 단어에는 '쥐'라는 뜻의 무스(mus)에서 파생되었으며 교회의 영향을 받은 작품에서 고양이를 가리키는 데 사용된 무시오(musio), 무리셉스(muriceps), 무릴레구스(murilegus)를 암시하는 바는 전혀 없다. 이런 방면의 작품으로는 대략 7세기에서 8세기에 종종 라틴어로 집필되었던 유명한 회개 책들이 있다. 이런 책은 고해 사제들을 대상으로 한 것이었으며, 저자들은 대부분 아일랜드 선교원에 거주했다. 집필 목적은 인간이 저지를 수 있는 모든 탈선을 일종의 처벌 단계에 따라 체계적으로 정리하는 것이었다. 이러한 책 안에는 '고양이(혹은 개)가 먹거나 더럽힌 음식'에 대한 언급이 있다. 그런 음식을 먹는 이는 모두 며칠간의 단식에 처해진다. 이 종교적인 처벌과는 차원이 다르지만, 중세의 모든 저자들이 강조하는 사실 하나는 도시가 적군에 의해 포위당했을 때 고양이(혹은 개나 말)를 먹는 것은 정말 최후의 방책일 때에만 이해받을 수 있다는 것이다.

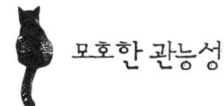 모호한 관능성

중세 문학에는 고양이가 등장하는 이야기가 가득하다. 이는 사람과 고양이 사이에 진정한 동조 관계, 나아가 애정 어린 관계(이따금 대립 관계이기도 하지만)가 맺어져 있었음을 증명해 준다.

중세 문헌에서 때때로 고양이는 교훈적 이야기의 주인공이 된다. 예를 들어, 시인 검은 에르몰드(Ermold le Noir)의 작품 속에서 우리는 프랑크 왕국의 군주 루트비히 1세(루트비히 경건왕, 778~840년)의 아들 피핀(피핀 1세)에게 주는 조언을 찾아볼 수 있다. 검은 에르몰드는 장차 '아키텐의 피핀'이라 불리게 되는 피핀에게 신에 대한 사랑을 결코 저버려서는 안 된다고 간청한다. 자신이 보호하는 왕자를 설득시키기 위해 시인은 어느 은자에 대한 이야기를 한다.

은자는 사막에서 기도와 고독만을 벗 삼아 살아갔으며, 오직 주님만을 바라보았고 주님은 그의 앞에 나타나 말을 하셨다. 어느 날 은자는 떠돌이 고양이 한 마리를 측은히 여기게 되었다. 그는 고양이를 보살피고 먹이를 주었으며 그때부터 고양이는 항상 그와 함께하는 동반자가 되었다. 고양이의 매력에 마음을 빼앗긴 은자는 그를 마치 제 아들처럼 대했다. 이제 그는 고양이와 떨어질 수 없었고, 심지어 '고양이를 쓰다듬어 주는' 돌이킬 수 없는 실수를 저지르기까지 했다.

불행한 은자 앞에 더 이상 하느님도 그리스도도 나타나지 않자, 그는 "주먹으로 제 가슴을 치고 손톱으로 얼굴을 쥐어뜯었다." 그러던 어느 날 그의 간절한 기도와 참회의 행동에 하늘로부터 응답이 있었다. "그토록 큰 불행의 원인은 바로 그 고양이다! 나를 보는 것이 너의 가장 큰 기쁨이었기에, 너는 이따금 나를 보며 기뻐할 수 있었다. 그 고양이에 대한 네 사랑이 커지면 커질수록 내 모습은 네게서 멀어져 가리라." 은자는 곧장 고양이에게 달려가 마구 때려서 완전히 쫓아버렸고, 그때서야 진정한 평화를 되찾을 수 있었다.

이 이야기에서 고양이는 부정적으로 그려진다. 고양이는 은자를 신에 대한 순수한 사랑에서 멀어지게 만들었다. 더 나쁘게도 고양이는 그를 수상한 길, 즉 모호하면서 즐거운 관능의 길로 이끌었는데, 이 상징은 은자가 고양이를 쓰다듬었다는 대목에서 드러난다. 그런데 성경에서 동물은 인간에게 종속된 존재로 정해져 있다(아담은 동물에게 이름을 붙이고 그 용도를 정한다). 교회가 보기에 동물이 인간의 동반자라는 지위에 놓이는 것은 있을 수 없는 일이었다. 동물은 인간에게 종속된 위치를 유지해야 했다. 기독교 입장에서 고양이는 다른 동물 마찬가지로 인간에게 예속된 피조물에 불과하다.

한편 동물에게 쏟는 이런 사랑의 양가성은 중세의 교회적 위계질서에서는 큰 근심거리였다. 교회의 눈에 사람이 가까이 두고 키우는 동물은 모두 잠재적인 위험을 안고 있는 것으로 보였다. 동물은 언제든 선량한 기독교인으로 하여금 기독교 교리가 요구하는 도덕적이고 영적인 의무를 저버리게 할 수 있었기 때문이다.

그렇기에 고양이(그리고 개)는 가장 열렬한 신자들을 단죄 받아 마땅한 쾌락의 땅으로 이끈다는 의심을 받게 되었다. 그러나 세월이 흐르면서 많은 고양이가 수도원과 수녀원에서 함께 지내게 된다. 여러 프레스코화, 스케치, 판화, 회화 등이 이를 여실히 증명해준다.

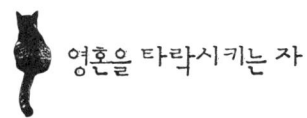

## 영혼을 타락시키는 자

880년경 어느 수도사가 집필한 전기에는 검은 에르몰드가 피핀에게 들려주었던 것과 거의 똑같은 교훈적 이야기가 실려 있다. 제64대 로마 교황인 그레고리오 1세(540~604년)의 삶을 서술한 이 전기에도 대단히 덕이 높은 어떤 은자가 등장한다. 그에게는 암고양이 한 마리가 있었는데, 그는 이 고양이가 마치 함께 사는 여인이나 되는 것처럼 가슴에 품어 따뜻하게 해주고 종종 쓰다듬어 주었다. 어느 날 은자는 주님이 자신이 천국에서 받게 될 보상을 드러내 주셨음을 알게 된다. 천국에서 그는 그레고리오 1세의 옆자리에 앉게 될 예정이었다.

　　그때부터 은자는 실망하여 끊임없는 탄식을 늘어놓았다. 그는 자신이 자발적인 청빈의 삶을 택하고 완벽한 은둔 상태에서 단식을 했음에도 고작 그만한 보상밖에 받지 못한다는 사실을 이해할 수 없었기 때문이다. 이승의 물질적 풍요로움 한복판에서 부유한 삶을 누렸던 교황과 자신이 같은 운명에 처해 있다는 것은 그에게 너무도 부당하게 여겨졌다. 얼마간의 시간이 흐르자 하느님은 다시 한 번 불만에 찬 은

자에게 말씀하셨다. "너는 네 고양이를 그토록 사랑하며, 누구와도 공유하지 않고 매일 쓰다듬어 주지 않느냐. 네가 고양이를 사랑하는 마음은 그가 자신의 재물을 사랑하는 마음보다 더 크다. 그는 자신의 막대한 부를 대수롭지 않은 것으로 여기며 많은 이에게 나눠 주고 있다." 여기서도 역시 고양이는 끔찍한 영혼의 타락자 역할을 맡게 되었음을 알 수 있다.

성 바실리우스에 대한 다른 문헌 역시 고양이를 해로운 존재로 그린다. 한창 세력 확장 중이던 기독교의 영향을 받아 집필된 중세의 많은 저작물이 그렇듯, 이러한 이야기들은 인간에게 '동물과 거리를 둘 것'을 요구한다. 예를 들어 검은 에르몰드는 자신의 이야기를 통해, 피핀을 설득해 그가 지나치게 좋아하던 개들로부터 벗어나 신에게로 주의를 돌리고자 했다.

그러나 은자에 대한 이러한 이야기에는 두 가지 기능이 있다. 앞서 말했듯, 우선적인 목적은 동물은 선량한 기독교인이 신을 향해 마땅히 품어야 하는 순수한 사랑을 저버리게 한다는 점을 설명하려는 것이다. 두 번째로, 이 이야기는 교리의 눈에서 본 또 다른 위험한 탈선을 강조한다. 인간이 올바른 길에서 벗어났다면, 동물 역시 인간의 사회생활에 지나치게 깊이 동화됨으로써 제 본연의 역할에서 멀어진 셈이기 때문이다. 다시 말해 교회는 만물을 확실하게 제 자리로 돌려놓고자 했다. 모든 동물은 정확한 필요에 부응하기 위해 창조되었으며, 동물을 억지로 길들이는 것은 그것을 거스르는 일이었다. 개는 인간이 사냥하는 것을 도와야 하고, 고양이는 쥐를 없애는 일에만 전념해야 했다.

고양이가 사냥꾼이라는 이 실용주의적인 역할은 중세부터 널리 강조되었다. 수확한 작물을 망치거나 식량 창고를 습격하는 쥐를 무찌르는 데 있어서 고양이가 인간의 가장 뛰어난 아군이라는 점은 모두 이해했다. 그리하여 시골에서든 도시에서든 고양이는 창고와 집을 지키는 변함없는 파수꾼이자 하수도와 감옥에 우글거리는 쥐를 잡는 지칠 줄 모르는 사냥꾼이 되었다. 고양이는 특히 페스트 같은 재난을 막아주는 위생적인 역할을 담당했는데, 이는 잊어서는 안 될 중요한 기능이었다.

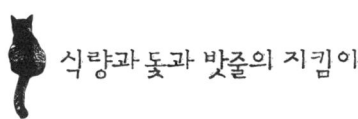

## 식량과 돛과 밧줄의 지킴이

5세기에서 9세기 사이 아일랜드와 갈루아 문헌에는 고양이
가 특정한 지역에서 담당했던 사회적 역할이 상세하게 나와
있다. 공동체 관리를 위한 법들을 정리해 둔 이러한 문헌은
고양이가 귀중한 쥐 사냥꾼이었다는 점은 물론 그 가격뿐 아
니라 고양이 임자에게 지워지는 중요한 책임들까지 자세히
설명한다.

그런 연유에서, 10세기 갈루아 지방의 왕이었던 호웰 다
(Howell Dda)는 고양이를 철저하게 보호하는 내용의 법령을
내렸다. 특히 왕실 곡식 창고를 지키는 역할을 하는 고양이
에게 적용되는 법이었다. 이 법에 따르면 고양이를 관리하
는 중 분실이나 도난 혹은 살해가 발생하는 경우, 고양이의
주인은 고양이의 크기에 비례하여 환산한 양만큼의 곡식을
보상으로 받았다. 곡식이 없을 경우에는 암양과 거기 딸린
어린양을 받았다.

다른 동물과 대적할 수 없는 사냥꾼으로서의 재능 덕택
에 고양이는 선원으로 진출하게 된다. 밧줄, 돛, 화물과 식량
을 조금도 손상시키지 않고 무사히 목적지에 도달하기 위해

승무원들은 용감한 수고양이 몇 마리를 승선시켰다. 제노바의 보험업자들은 심지어 계약서에 상업용 선박에는 반드시 사나운 고양이들을 태워야 한다는 의무조항을 명기하기도 했다.

이후 15세기에는 베네치아 선박들도 이와 유사한 전통을 따르게 된다. 18세기 프랑스 무역선에서도 고양이는 이런 실용적인 역할을 맡게 되었다. 반드시 고양이를 배에 태워야 한다는 이러한 의무적 조항은 이후 상징적인 것으로 변해, 몇몇 배에서 고양이의 역할은 그저 단순히 마스코트 정도에 그치게 된다.

고양이가 등장하는 중세 문학 얘기로 돌아오자. 중세의 고양이 이야기들을 앞서 말했던 교훈적인 이야기로만 일축할 수는 없다. 모든 문헌이 유명한 은자 이야기와 비슷한 내

용은 아니다. 물론 많은 이야기가 친숙한 동물과 너무 밀접한 관계를 맺지 말라고 설득하는 목적을 지니고 있었던 것은 사실이지만, 고양이와 개를 인간의 헌신적인 벗으로 그리는 이야기도 많다.

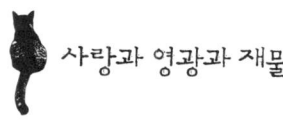 ## 사랑과 영광과 재물

중세 말엽에는 고양이의 특성을 찬양하는 이야기가 많았다. 그리고 그것은 단지 사냥꾼으로서의 재주에 대한 찬양만은 아니었다. 고양이의 실용적인 역할은 공동체에 완벽하게 동화된 충실한 동반자이자 친숙한 공간에서 이루어지는 모든 활동의 참여자로서의 역할로 변해 갔다.

그 구조가 어떠하든 이러한 이야기들은 유럽 전역에 퍼져 있는 구전 전승에 깊은 뿌리를 내리고 있다. 목적은 모두 동일하다. 고양이를 재평가하는 것, 즉 고양이에게 영웅의 지위를 부여하고 그 지혜와 꾀를 빌리는 것이다. 완전히 실용적인 동물에 불과했던 고양이는 여기서 사람에게 기쁨과 부유함과 행복을 가져다줄 수 있는 유능한 동료 혹은 심복의 수준으로 올라선다.

예를 들어 12세기의 이탈리아 전설을 보자. 이 이야기는 가진 것이라곤 고양이 두 마리밖에 없는 가난뱅이의 이야기이다. 그는 고양이를 어느 상인에게 맡긴다. 상인은 고양이를 데리고 수많은 쥐 떼로 완전히 황폐해진 섬으로 떠났다. 지금까지 이 섬에는 한 마리의 고양이도 없었고, 고양이는 알려진 것이라곤 전혀 없는 낯선 동물이었다. 상인은 고양이 덕분에 엄청난 불행에서 엄청난 재산을 일구어낸다.

이 이야기가 샤를 페로(1628~1703년)의 버전으로 잘 알려진 유명한 동화『장화 신은 고양이』와 비슷하다는 것은 쉽게 알아차릴 수 있을 것이다. 사실 이 이야기는 1550년에 조반니 스트라파롤라의『익살맞은 밤들(Nuits facétieuses)』에 실

려 최초로 발표되었으며, 1634년 잠바티스타 바실레의 『이
야기들의 이야기(Le Conte des contes)』에 다시 실린다. 그 후
1697년에 페로의 버전으로 유명한 『거위 아주머니 이야기
(Contes de ma mere l'oye)』에 수록된다.

그 줄거리는 누구나 아는 이야기다. 어느 방앗간 주인의
막내아들이 아버지의 유산으로 달랑 고양이 한 마리를 물려
받았다. 그는 자신이 가진 고양이가 보물단지 같은 존재라는
것을 모른다. 고양이의 놀라운 재주 덕분에 그는 영광은 물
론 재산과 행복, 사랑을 모두 얻는다. 영국에는 이 이야기의
다른 버전이 있다. 주인공은 15세기 런던 교외에 사는 가난
한 소년 딕 휘팅턴이다.

딕은 유일한 재산인 고양이와 함께 인도로 떠나고자 결
심한다. 그런데 딕이 탔던 배가 난파하여 표류한 끝에 겨우
도달한 곳은 쥐가 우글거리는 섬이었다. 그리고 12세기의 이
탈리아 전설에서처럼 딕의 고양이는 이 섬에서 큰 공을 세운
다. 그리고 고양이는 섬에 있는 왕의 군대에서 장군 직위까
지 얻으며 국가적 영웅이 된다. 한편 '고양이 각하'라는 별명
을 얻은 딕은 큰 부자가 되고 후에 런던 시장이 된다.

이 이야기에서 고양이는 당당히 주인공 자리를 차지하
고 있다. 고양이가 중심인물이 되고, 결국에는 행복이 찾아

온다. 즉 고양이는 제 주인에게 영광과 재산을 안겨 주는 데 공헌하는 이로운 조력자 역할을 한다. 동시에 공동체의 이익에도 이바지하면서 말이다. 고양이를 재평가하고자 하는 데 있어 이보다 더 뛰어난 설득 수단은 아마 없을 것이다.

# 징조와 미신

고양이는 꾸준히 관심을 받아왔다. 오늘날 수많은 사람들이 고양이에 대한 열렬한 애정을 표하지만, 어떤 사람들은 고양이가 눈에 띄기만 해도 참을 수 없는 혐오감이나 불안감을 느낀다. 고양이와 마주치는 것만으로 당황스럽고 거북함을 느끼는 이들이 있을 정도다. 이런 불신의 태도는 고양이가 가진 수수께끼 같은 태도와 무관하지 않다. 우리가 앞서 보았듯 고양이는 미스터리로 가득 찬 오랜 역사를 지니고 있다. 이처럼 소중한 주제를 민간 풍속과 관습이 그냥 지나쳤을 리 없다.

세월이 흐름에 따라 민간에서 전승되며 형성된 깊은 두려움과 두터운 믿음 안에서 고양이는 특별한 위치를 차지했다. 전설의 소재로든 무궁무진한 미신의 근원으로서든 말이다. 그리고 동화와 우화가 고양이에게 주인공 역할을 맡겼다면, 점술 분야는 고양이에게 뛰어난 점쟁이로서의 역할을 부여했다.

지역과 시대에 따라 고양이는 불길한 징조로 여겨졌다. 아침에 검은 고양이와 마주치는 것, 새해 첫날 새벽에 고양이를 보는 것, 고양이가 벽난로에 등을 돌리고 있는 모습을 보는 것은 대개 불길한 징조였다. 결혼식 때 교회 안에 고양이가 있으면 새로 탄생한 부부의 결혼생활이 불행하리라는 의미였다. 고양이가 얼굴 씻는 것을 보는 것 역시 흉조였고, 고양이 꿈을 꾸는 것은 배반을 당할 징조라 여겼다. 그리고 고양이의 꼬리를 밟는 이는 남자든 여자든 그 해 안에 결혼할 기회가 없으며, 환자가 있는 집에서 고양이가 집을 버리고 떠나면 죽음이 찾아온다고 여겼다.

그러나 고양이가 정말로 예언적인 힘을 발휘했던 분야는 바로 날씨 예측이었다. 사실 사람들은 지금도 여전히 고양이가 세수할 때 앞발로 귀 뒤를 문지르면 비가 올 거라고 말한다(이는 15세기에 생긴 미신이다). 하지만 고양이는 자기

몸을 단장하는 데 제가 깨어 있는 시간의 무려 3분의 1까지
바칠 수 있다. 고양이는 구석구석 정확하고 날렵하게 씻는
다. 그리고 이 과정에서 고양이가 한 번이라도 앞발을 귀 뒤
에 갖다 대지 않기란 불가능하다. 그렇다면 매일 비가 와야
한다는 소린데 사실은 그렇지 않다. 이 격언이 생기게 된 것
은 대부분의 이들이 눈치 채지 못하는 미묘함 때문이다. 사
실, 고양이가 정확하게 귀 뒤를 씻는 동작을 할 때 누군가가
고양이를 지켜본다면 이 예언이 아무 의미 없다는 것을 알
수 있을 것이다. 다시 말해, 당신이 키우는 고양이가 몇 번이
고 발로 귀 뒤를 씻어도 그것이 당신이 안 보는 사이에 일어
난다면 내일 날씨는 맑을 것이다! 논리적으로, 비를 불러오
는 그 불길한 동작을 보지 못했으므로 당신은 내일 비가 올
것이라 말할 수 없는 셈이다. 한편 널리 퍼진 이런 믿음은 다
른 미신을 낳았다. 즉 고양이가 세수하는 것을 바라보면 불
행이 온다는 미신이다.

고양이가 집 안에서 취하는 다양한 행동 또한 여러 가지
로 해석되었다. 가장 흔한 것은 다음과 같다. 고양이가 신경
질을 내면 바람이 불 징조다(땅을 긁으면 폭풍우가 온다), 동물
이 벽난로 가까이에 자리를 잡으면 추위가 닥쳐온다, 그리고
고양이가 가르랑거리면 날이 맑고, 재채기를 하면 비가 온다

같은 것이다.

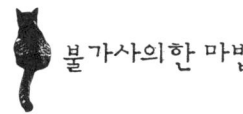

## 불가사의한 마법

한편 고양이의 천성적인 양면성은 상서로운 징조와 연관된 믿음을 낳았다. 예를 들어 떠돌이 고양이가 특정 집을 하나 골라서 눌러앉으면, 그 집에는 재물운이 따른다고 한다. 특히 녀석이 호랑이 무늬 고양이라면 말이다. 그리고 어떤 이들은 보름달이 뜬 밤에 하얀 고양이와 마주치는 것은 행운의 조짐이라고 믿는다. 이는 머지않아 결혼을 하게 된다는 의미였다.

프랑스의 다양한 지방에서(혹은 특정 시기에 따라) 검은 고양이는 행복을 가져다주는 존재다. 예를 들어 검은 고양이는 집과 그 가족 전체를 악령으로부터 지켜 준다고 보았다. 여기에는 고양이가 불길한 기운을 이끌어 전부 제 몸에 짊어진다는 의미가 들어 있다. 여기서 출발해 우리는 이런 검은 고양이가 집 밖으로 나가면, 제 안에 축적된 모든 악한 기운을 방출하는 것이라고 논리적으로 설명할 수 있다. 그리하여 고양이는 자기가 만나는 이에게 악운을 옮기는 것이다. 다시 말하면, 검은 고양이는 자기 주인이 사는 집을 보호하기 위해 악한 기운을 자기 몸에 흡수했다가 정해진 장소에서 그 불길한 에너지를 방출한다. 따라서 집 안에서 검은 아기고양이가 태어나는 것 역시 길조로 간주된다. 특히 남편이 뱃사람인 여인들을 보호해 준다고 알려졌다. 그리고 검은 수고양이의 털을 지니고 있으면 도박을 할 때 운이 좋다고 여겼다. 검은 고양이는 모두 털 안에 한 가닥의 하얀 털을 숨기고 있다고 생각했는데, 이 털은 매우 강력한 마법의 힘을 낸다고 믿었다. 그리고 그것을 발견하는 이에게는 행복이 찾아온다고 생각했다. 그래서 목걸이 펜던트 속에 이 하얀 털을 넣어 부적으로 삼는 이들도 많았다.

고양이는 또한 일종의 영매로 여겨졌는데, 특히 유령을 볼 수 있다고 믿어졌다. 오늘날에도 우리는 고양이에게 신기한 힘들을 부여하는 듯한 단지 헛소문만은 아닌 진짜 이야기를 듣는다. 고양이에게는 과학자들이 언젠가 밝혀낼 '제6감'이 있는 것 같다. 가령 원래 장소에서 수백 킬로미터 떨어진 곳에서도 길을 찾아오는 고양이의 능력은 여전히 풀리지 않는 신비로움이다.

지금은 이에 대해 대략적인 설명을 할 수 있다. 사실 고양이는 자기장의 변화와 고주파음을 아주 민감하게 지각한다. 정확하게 방향을 잡을 수 있는 일종의 내재적인 나침반을 자유자재로 사용하기 때문이다. 이런 신체적인 특성에 더하여 감각모(수염)의 뛰어난 기능 역시 고양이의 방향감각에 일조하는데, 이 점에 대해서는 나중에 보다 자세히 이야기할 것이다.

고양이가 매순간 우리에게 보여주는 이 불가사의한 마법은 단지 서양의 이야기와 미신 속에만 등장하는 것은 아니다. 일본의 한 전설에 의하면 고양이가 처음 일본에 들어온 것은 999년 중국의 어느 고위 관리가 천황 이치조에게 하얀 암고양이를 진상했을 때라고 한다. 얼마 지나지 않아 교토 천황궁에서 다섯 마리의 아기고양이가 태어났고, 그 후로 고양이는 큰 인기를 누리게 되었다.

오늘날 일본에서 앞발을 들고 있는 고양이 조각상은 행운과 번영을 약속한다. 이 상징의 의미는 정확하게 나눠진다. 마네키네코(혹은 복고양이)라 불리는 이 고양이는 왼발을 들고 있을 경우 큰 재물을 부르고, 오른발을 들고 있을 경우 복을 예언한다고 한다(이 상징은 시대와 지역에 따라 다르다. 왼발은 손님을 부르고 오른발은 행운과 재물을 부른다는 설도 있다-

역주). 마네키네코의 유래를 살펴보면, 고양이가 어떻게 일본에서 크게 사랑받게 되었는지 알려주는 전설을 알 수 있다. 이 전설은 폭풍우를 만난 사무라이들이 어느 고양이를 따라 절 안으로 들어가 비를 피할 수 있었다는 내용이다. 이후 그 절은 사람들이 기도를 올리고 고양이를 매장하러 오는 순례의 장소가 되었다.

한편 짧고 둥근 꼬리를 지닌 고양이 재패니즈밥테일(약 천여 년 전 한국 또는 중국에서 일본으로 넘어간 고양이의 후손으로 추정된다)은 오랫동안 귀족층의 전유물이었으며, 오늘날에는 일본을 대표하는 동물이 되었다. 행운과 복을 가져다준다고 믿었기 때문에 모든 면에서 대접을 받고 있다. 이 고양이의 짤막한 꼬리는 마치 국화를 닮았는데 국화는 일본 왕실의 상징이기도 하다.

불교 전설에서는 붓다가 열반에 들었을 때 그 자리를 지

키기 위해 동물들이 소집되었는데, 고양이만은 잠에서 깨지 않았다고 해서 비난 받는 동물이 되었다. 고양이는 너무 늦게 와서 열반 장면을 보지도 못했을 뿐 아니라 붓다의 사망에 전혀 슬픈 기색도 보이지 않았다고 전해진다.

 파타리아파, 발도파, 카타리파

아일랜드에서 러시아에 이르기까지 유럽 전역이 격렬한 마녀사냥의 열기에 불탔던 약 300년간(1400~1680년) 고양이는 악천후를 예보하거나 길조와 흉조를 예고하는 데 그치지 않고 이 소동에서 중심 위치를 차지했다. 사실 고양이는 상당히 일찍부터 기묘한 의식에 연루되었지만, 그 대부분은 그저 상상에 불과했다. 이러한 의식을 벌인 것은 기독교의 지배적 세력이 단호히 추적했던 다양한 이단 집단이었다. 탄압이 절정에 이르렀던 1580년에서 1630년까지 추적은 특히 심했다. 그리하여 무시무시한 혼란이 일어났으며, 그 결과 악마 숭배 종파를 뿌리 뽑기 위해 교묘하게 조직된 종교적이고 세속적인 선전이 판을 쳤다. 물론 악마 숭배는 가상의 죄목이었지만, 이단 종파는 모든 사악함을 뒤집어쓴 표적이 되었다.

사실 이단에 대한 탄압은 매우 일찍부터 시작되었다. 모든 종류의 소수자를 탄압하는 기나긴 역사는 11세기부터 출발했다. 이 단계에서는 기독교 신앙의 올바른 길을 따르려 하지 않는 이들과 싸우고자 하는 의지가 드러났다. 그렇기는 하지만 언젠가 개종할 가망이 있는 이들(유대인, 이슬람교도, 미신을 믿는 무신론자)에 대해서는 어느 정도의 관대함이 있었다. 반면 교리에 조금이라도 반대하거나 고위 성직의 특정 저명인사들의 행동을 비판하는 이들에겐 가차 없이 대했다.

예를 들어, 파타리아 파(파타리아란 롬바르디아와 밀라노에서 일어난 종교운동을 뜻한다)는 11세기 말 고위 성직자의 거만하고 지나치게 부유한 생활에 반대하는 투쟁을 벌였다. 그러자 고위 성직자들은 곧 파타리아 파가 거대한 검은 고양이를 우상으로 숭배한다고 몰아세웠다. 집회를 열 때면 고양이가 긴 줄을 타고 내려오며, 이단의 추종자와 입문자들은 고양이에게 입맞춤을 한다고 말이다(특히 항문이나 생식기에도). 이 상상적인 묘사를 통해 교회는 이런 도착적인 숭배의 혐오스러움을 강조하고 그것이 잘못되었다는 증거들을 파급하려 했다.

발도파는 1170년 무렵 나타났다. 발도파는 리옹의 피에르 발도(Pierre Valdo, 1140~1206년)가 창시한 교리를 따르는 이들을 지칭한다. 발도는 무엇보다도 복음주의적 엄격함을 설교하고자 했으며 그리스도가 살았던 것처럼 청빈하고 소박한 삶의 중요성을 순수하고 단호하게 강조했다. 이런 목적은 고위 성직자들이 보기에는 상당히 눈에 거슬렸다. 당시 가톨릭 교계에 만연했던 나태함과 부패, 호사스러움은 발도파가 이상으로 삼은 청빈과 도덕적 엄격함과는 극명한 대조를 이루고 있었다. 11세기부터 13세기까지 활동했던 또다른 이단 종파인 카타리파 역시 비슷한 금욕주의를 회복시키고자 했다.

따라서 발도파와 카타리파는 1229년 교황 그레고리오 9세의 허가로 창설된 종교재판소에 의해 가차 없는 박해를 받게 되었다. 교회는 이 두 종파를 사탄이라 비난하며 그 신봉자들은 악마를 숭배한다고 고발했다. 그 악마는 무시무시한 수고양이의 형상으로 그들 앞에 나타난다는 것이다. 한편 이단이라 판명된 많은 집단은 고양이를 숭배한다는 죄목으로 고발당했고, 곧 고양이는 사탄과 다름없는 존재로 여겨졌다.

15세기에 마법이 고개를 쳐들기 시작하자, 도피네와 사부아의 알프스 골짜기 지방에 피에르 발도의 계승자들이 다시 등장했다고 주장하는 이들이 생겼다. 1400년에서 1480년에 걸쳐 이들 발도파(이들은 다시 발도파라는 이름으로 불렸다)는 종교와 세속 권력자들의 주요 표적이 되었다. 그러나 이들은 12세기에 같은 이름으로 불렸던 종파와는 아무런 관계가 없었다. 그럼에도 불구하고 박해자들은 공격의 명분으로 이들에게 마법사라는 누명을 씌웠다. 그리고 불경스러운 고양이 숭배를 이어받아 비밀스런 집회를 행한다고 비난했다.

# 마법과 마녀 집회

11세기부터 고양이에 대한 반감의 물결이 일어나기 시작했다. 이런 반감은 가혹한 이단 박해가 가져온 필연적인 결과였다. 그리고 1400년에서 1680년까지 마법사와 마녀에 대한 무시무시한 탄압의 바람이 유럽에 휘몰아치는 동안, 고양이는 점차 '악마의 앞잡이'로까지 여겨지는 '지옥의 하수인' 같은 존재가 되어 갔다.

이 300년 동안 마법과 미신과 주술은 가볍게 한 가지로 뒤섞여 종교와 세속 권력자들에게 지배적 교리가 요구하는 올바른 길로부터 벗어난 이들(특히 여자들)을 모조리 탄압할

구실을 제공해 주었다. 그리고 이 시대 동안 누구나 고양이를 사탄과 한편이라 생각했다.

당시에는 거의 모든 곳에서 고양이 꼬리 안에 사탄의 머리털 한 가닥이 숨어 있다고 믿었다. 어떤 지방에서는 악마가 검은 고양이의 형상으로 변신해 죽어가는 이의 침대 발치에서 기다리다가 죽은 자의 영혼을 빼앗아간다고 주장했다. 또한 고양이와 악마의 불길한 행위를 서로 결부시키는 수많은 전설이 입에서 입을 타고 널리 퍼졌다. 이런 이야기에 등장하는 것은 고양이와 마녀였다.

따라서 여자가 혼자 살며 자신이 기르는 고양이와 생활을 함께한다면, 그것만으로도 마법을 행사한다는 의심을 사기에 충분했다. 여인과 그 고양이 사이에 비밀스런 관계를 지어내는 것보다 더 쉬운 일이 있을까? 가뜩이나 악마의 동물로 여겨지고 있었던 고양이는 언제든 주인이 사악한 악마의 활동을 행하도록 돕거나 조언을 해 줄 태세를 갖추고 있었을 터였다. 그러나 고양이가 가장 심하게 혐오 받았던 이유는 유명한 마녀 집회에 연루되었다고 여겨졌기 때문이다. 마을을 벗어난 곳에서 밤중에 비밀리에 벌어지는 요란한 집회 말이다. 진상을 명확히 하자면, 이 악마적인 모임을 목격한 이는 아무도 없었다. 처음부터 마녀 집회는 결코 있지도

않았기 때문이다.

그럼에도 마녀 집회에 대한 상세한 묘사가 존재한다. 바로 마녀 재판에서 수집된 증거들이다. 그러나 이런 자백은 고문을 통해 얻어진 것이거나 재판장이 집회 현장의 세부 묘사를 불러 주면서 인정하지 않을 수 없게끔 강요한 것이었다. 마녀 집회에 대한 상투적인 묘사가 입소문으로 떠돌았으므로, 이는 누구에게도 놀라운 일이 아니었다.

따라서 유럽에서 마녀 재판이 번져 감에 따라, 마녀 집회에 대한 보고는 모두 비슷해졌다. 법정에서 얻어내는 이야기가 완전히 동일한 내용이 될 정도였다. 이는 교회 권력이 영리하게 유지했던 널리 퍼진 미신과 재판관(종종 이들은 비밀스럽고 조직적인 악마 숭배 종파가 존재한다는 확신을 지니고 있었다)이 작성한 거짓 자백이 교묘하게 뒤섞인 결과물이었다. 그럼에도 불구하고 이 흉내뿐인 재판을 통해 유럽 전역에서 4만에서 5만 명에 달하는 희생자가 화형대로 보내졌다. 고발에 가장 중요했던 증거는 마녀 집회에 참여했다는 사실 그 자체였기 때문이다

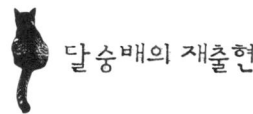 달숭배의 재출현

민간전승과 전설에서 마녀는 흔히 집회에 출석하기 위해 고양이로 변신하는 능력이 있는 것으로 묘사된다. 몇몇 지역에서는 밤에 고양이가 우는 소리는 그 지방의 모든 마녀 고양이를 불러 모으는 신호라고 믿었다. 이렇게 모인 마녀들은 사악한 집회에서 온갖 종류의 춤을 추고 날뛰고 신성모독적인 말을 내뱉으며, 중간 중간 광폭한 소리를 지른다. 고양이의 마녀 집회에 대한 이런 기록은 유럽의 각 지역에 따라 차이를 보인다. 어떤 곳에서는 집회가 열리는 것이 참회 화요일(기독교에서 46일간의 사순절 금욕 기간 전에 마지막으로 즐기

고 진수성찬을 드는 날)이라고 한다. 다른 지역에서는 대림절 (크리스마스 전 4주간)이라고 한다. 그리고 농부들에게 집 고양이가 마녀 고양이 집회에 가지 못하게 하려면 꼬리를 자르라고 조언하는 처방법이 많았다. 고양이 꼬리에 악마의 머리털이 숨어 있다는 믿음이 강하게 자리 잡고 있으니, 나름대로 논리적인 충고였다.

마녀 집회에 대한 판에 박은 묘사에서 이 모임은 언제나 일종의 음탕한 야단법석으로 그려졌는데, 이는 가고일(성당 건물에서 흔히 볼 수 있는 괴물 조각-역주)의 괴물들 모습을 멋대로 빌려 온 광경이었다. 하지만 잊지 말아야 할 것이 있으니, 대성당은 물론 아주 소박한 교회에서도 찾아볼 수 있는 가고일은 모두 글을 읽지 못하는 민중에게 종교를 가르칠 목적에서 만들어진 것이었다.

따라서 정체 모를 애벌레며 네 발 달린 새가 날개 달린 두꺼비와 함께 등장하고, 주둥이를 쩍 벌린 뱀이 눈동자에서 광채를 뿜고 네 발은 문어 촉수처럼 길게 늘어나는 고양이와 자리를 함께하는 꼴이었다. 프랑스 서부나 독일 전설에서는 마녀들이 네 마리의 검은 고양이가 끄는 수레를 타고 집회에 간다고 했다.

또한 강조할 것은 고양이가 오랫동안 달을 숭배하는 여사제들과 특별한 관계를 유지해 왔다는 점이다. 그런데 마녀 집회는 유목민의 이교 전통에서 유래했다. 그리고 이 즐거운 축제는 달의 월령에 대한 숭배와 연관이 있었다. 따라서 집회는 보름달의 축제가 되었고, 결국 달이 차고 이지러질 때의 네 월령(합삭, 상현, 보름, 하현)을 축하하는 축제가 되었다(고대 로마에서 이에 해당하는 것이 바쿠스 축제 혹은 사투르누스 축제였다). 민간전승에서 묘사되는 마녀 집회는 이러한 축제들과 명백히 닮은꼴이다. 그러니 고양이가 마녀 집회와 결부되는 것도 당연한 일이다. 이교도 축제 때와 마찬가지로 말이다.

게다가 전설에서 마녀 집회의 배경으로 가장 자주 등장하는 것은 보름달이 뜨는 밤(신월 때라고도 한다)이다. 그런데 고대 이집트의 고양이 여신이며 임부와 아기와 가족의 수호자였던 복된 여신 바스트는 달과 아주 밀접한 관계가 있었다. 그리고 바스트는 다산에 영향을 줄 수 있는 여신이었는데, 다산성은 한 번에 여덟 마리의 새끼를 낳는 고양이의 특징 중 하나이다.

많은 이들이 암고양이는 평생 일곱 차례에 걸쳐 총 28마리의 새끼를 낳는다는 주장으로 이러한 상징을 뒷받침했다. 음력으로 한 달의 날 수만큼 말이다. 이런 연관이 있는데 어떻게 고양이가 마녀 집회에 참석하지 않을 수 있단 말인가?

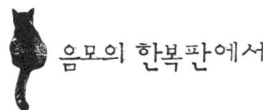

## 음모의 한복판에서

그러나 중세에 이르러 고양이는 고대 이집트에서 지녔던 태양과 달의 이중 상징을 잃게 되었다(이집트에서 고양이는 태양신 레의 충실한 시종이었으며 매일 부활하는 태양을 방해하려는 무시무시한 뱀 아포피스를 무찔렀다).

또 하나의 세부 사항, 즉 마녀 집회가 벌어진다는 일반적인 장소와 관련해서도 고양이는 자유롭지 못했다. 대부분의 전설과 마녀 재판에서 나온 기록에 의하면 집회는 사람이 없는 곳에서 이루어졌다. 묘지 근처, 사거리, 황무지, 고인돌이서 있는 곳 등이다. 한마디로 보름달 뜬 밤 같은 때에는 어슬렁거리는 행인보다 고양이와 마주칠 확률이 훨씬 높은 장소였다. 이 점에서도 역시 고양이는 마녀 집회와 엮일 수밖에 없었다.

더구나 마술과 고양이의 연관성은 잔인한 마녀 사냥의 시기보다 훨씬 앞서 나타났다. 사실 교회는 11세기부터 기독교 신앙에 대항하는 음모를 꾸미는 듯한 미스터리한 남녀 무리 때문에 위협을 느껴 왔다.

그리하여 교회 고위층은 모든 일탈자들, 불순응자들, 그리고 어떤 의미로든 소수에 속하는 모든 이들(이교도, 유대인, 이슬람교도, 동성애자, 발도파, 마니교도, 천년지복설의 추종자 등등)에게 음모의 혐의를 씌워 공격했다. 한마디로 일단 반항자로 치부되는 이단들을 말이다. 종교 재판소에서는 이들을 악마와 내통한다는 혐의로 죄인으로 내몰기까지 했다. 그리

고 고양이보다 더 반항적인 동물이 뭐가 있을까?

고양이는 길들여졌다 해도 여기저기 떠돌아다니는 생활을 즐긴다. 마치 오만하게 제 독립심을 강조하는 것 같다. 길들여지지 않는다는 점에서 고양이는 인간이 가축으로 기르는 동물 가운데 일종의 이단이 되었다. 그런 이유에서 고양이는 비슷한 성격의 사람과 같이 취급되었다. 반항적인 성격의 고양이는 15세기부터 17세기까지 시골 마녀의 친구가 되기 훨씬 전부터 각종 이단의 앞잡이로 여겨졌다.

중세의 마녀 행위와 마녀 집회를 나타낸 모든 대중적 이미지에서, 고양이는 악마이자 동시에 입회인으로 나타난다. 판화 속에서 고양이는 마녀 집회 중 종종 악마적 행위를 하거나 그것을 돕고 있다. 그러나 제 주인이 한밤의 수상쩍은 모임으로 날아가기 위해 몸에 연고를 바르는 동안 그것을 지켜보는 구경꾼에 머무르는 경우도 있다.

고양이는 명백히 유럽 대륙 전체에서 마녀들에게 예정된 슬픈 운명을 함께했다. 이 끔찍한 탄압의 희생자 중 80퍼센트는 여성이었지만, 남자 마법사 역시 고양이와 무관하지 않았다. 전설에 따르면 마법사는 악마와의 계약을 체결할 때 고양이 한 마리를 받는데, 이 고양이는 주인의 명령에 전적으로 따른다고 한다.

이 고양이는 마타고(matagot)라 불리게 되었다. 마타고는 언제나 마법의 힘을 발휘하는데, 매일 아침 주인에게 금화를 잔뜩 가져다줘서 주인을 큰 부자가 되게 만드는 것이다. 금화는 마타고가 밤중에 여기저기 돌아다니며 모아온 전리품이다. 19세기 농촌에서 돈이 어디서 들어오는지 전혀 짐작할 수 없는데도 호화롭게 살아가는 이가 있다면 그 운 좋은 사람이 바로 마타고를 데리고 있는 거라고 여기곤 했다. 하지만 반드시 마타고에겐 그 지위에 맞는 대접을 해 주어야 했다. 그렇지 않으면 잔인한 복수를 당한다고 여겼다.

코르시카 섬(지중해 서북부, 사르데냐 섬의 북쪽에 있는 섬. 프랑스령이며, 포도나 올리브 따위를 재배한다) 전설에서 고양이는 상당히 부정적인 면모를 가진 걸로 묘사된다. 코르시카 섬에는 스트레가(stregha)라는 마녀가 있는데, 이 마녀는 잠자는 아기의 피를 빼는 것으로 악명이 높다. 피를 빨린 아기는 이렇다 할 원인도 모른 채 시름시름 앓다가 죽고 만다. 스트레가는 이 잔혹한 악행을 저지를 때 고양이(혹은 돼지)로 변신했다. 이와 비슷하게 고대와 중세 초 어린아이의 피를 빠는 일종의 뱀파이어를 스트리게(strige)라고 불렀는데, 스트리게는 때로는 새의 모습으로 때로는 반은 여자 반은 개와 비슷한 괴물의 모습으로 나타난다.

# 희생의 시대

중세에 일어났던 반감과 증오 때문에 고양이는 끔찍한 고통을 겪어야만 했다. 기독교 법이 지배하는 유럽에서 이 악마의 동물은 확실히 이상적인 순교자의 형상이었다. 속죄의 희생자로서 고양이는 세상의 모든 죄를 짊어진 희생양이 되었다.

이러한 상황에서 당시의 공포를 몰아내기 위해 고양이를 표적으로 삼아 물고 늘어지는 것은 너무나 쉬운 일이었다. 여주인이나 마녀들과 함께 화형대에 오르지는 않았지만, 고양이는 세시풍속에 따른 대규모 민중 축제 때마다 체계적인 학살의 대상이 되었다.

예를 들어 사순절 기간에는 다양한 행사가 열렸다. 46일 동안(보통은 6차례의 일요일을 제외하고 40일로 센다-역주) 단식과 금욕에 힘쓰는 기간인 사순절은 12세기에야 교회에 의해 제도화되었다. 시기상으로는 참회 화요일과 부활절 사이이다. 사순절의 첫 일요일은 '불씨의 일요일'이라 하여, 작물과 과일의 풍성한 수확을 약속하는 의식으로 기념했다. 농부들은 큰 불을 피웠고 젊은이들은 밭까지 긴 행렬을 지어 불을 둘러싸고 춤을 추었다. 목적은 두더지와 들쥐 같은 해로운 동물을 혼내 주는 것이었다.

고대의 태양 숭배 의식의 유물인 불씨 축제는 로마 시대의 케레스(어린 싹을 움트게 하고 밀을 익게 하는 생명력의 여신) 숭배 의식과 가깝다. 그러나 젊은 처녀와 총각들이 불붙은 들판을 가로지르는 이 즐거운 축제는 너무도 끔찍한 의식이 치러지는 행사이기도 했다. 유럽의 많은 지방에서는 이 불씨의 일요일에 서슴없이 동물을 희생했다. 이 불 속에 던져지는 것은 특히 고양이였다. 19세기 들어서야 집에서 기르는 동물 대신 짚이나 헝겊으로 만든 인형을 불에 던져 넣었다.

프랑스에서는 사순절 셋째 주 목요일에 춤, 가장무도회, 익살극, 푸짐한 식사 등 많은 축연이 벌어졌다. 그 목적은 금식을 준수하는 도중 하루의 휴일을 기념하는 것이었다. 이때도 역시 많은 불을 피웠다. 젊은이들은 불 주위를 돌며 춤을 추고 사그라지는 불꽃 위를 뛰어넘었다. 고대의 정화 의식과 똑같이 말이다. 그러나 이 의식 역시 고양이를 희생시킨다는 점에서 잔혹하기는 마찬가지였다.

## 축제의 잔혹한 즐거움

중세 유럽 거의 모든 곳에서 오싹한 회합이 열려 이단과 내통했다는 죄목으로 많은 고양이들이 고문당하고 학살당했다. 폴란드에서는 사순절 첫날인 재의 수요일에 고양이를 죽였다. 반면 독일에서는 성 금요일(사순절 끝에서 두 번째 날)에 교회 종탑 꼭대기에서 고양이(배반자 유다와 동일시되었다)를 내던졌다. 벨기에 이프르에서는 962년부터 종탑에서 고양이를 떨어뜨렸다. 오늘날에도 이 관습은 계속되지만, 다행히 천으로 만든 고양이를 쓴다. 그리고 이프르의 고양이 퍼레이드는 고양이를 테마로 한 가장 행렬까지 더해져서 훨씬 평화적이고 인기 있는 명물로 변했다.

주현절(공현절이라고도 하며 그리스도가 하느님의 아들로서 공식적으로 나타난 날, 1월 6일-역주)에서 사순절까지의 기간인 카니발은 사순절 금식에 앞서 실컷 먹고 신나게 즐기는 것이 특징이었고, 이 떠들썩한 유흥은 사순절에 들어가기 전의 일요일, 월요일, 화요일에 절정에 달했다. 이후에 카니발은 오늘날 우리가 지키는 것처럼 참회 화요일로 대체된다.

이 카니발 축연은 동지에 태양의 부활을 축하하던 고대의 이교 의식을 연상시킨다. 즉 카니발에는 인간과 자연의 재생이라는 의미가 담겨 있다. 따라서 카니발 행사는 부정함과 악령, 그 밖의 불길한 기운을 몰아내는 것이 목적이었다. 카니발의 축연에서는 가장무도회와 춤추며 행진하기 이외에도 불에 희생제물을 바치는 것 또한 중요한 한 부분이었다. 그리고 고양이는 제물로 많이 바쳐진 동물 중 하나였다.

여름의 성 요한 축일이면 드높았던 민중 축제의 열기 역시 고양이 애호가들에게는 그리 좋은 추억은 아닐 것이다. 성 요한 축일, 즉 6월 23일에서 24일 사이 밤에는 기쁨과 환희의 불을 지폈고(그 외에도 노래와 춤과 연회와 행렬을 즐겼다), 이는 대단한 인기를 누렸다. 이 축일은 하지를 기념하는 동시에 세례 요한의 탄생을 기리는 날이다. 그러나 이 시기는 고대 그리스인들이 신들을 기리며 과일과 동물을 제물로 바치던 때이기도 하다. 그리고 로마인들은 행운과 운명의 여신 포르투나에게 바치는 대규모 행사를 거행했다. 한편 갈루아 인들은 태양 숭배 의식을 올렸다. 교회는 이 이교 축제들을 모두 세례 요한의 탄생을 기념하는 축일로 동화시켰다. 그리고 많은 지방에서 이들 축제에 종교적 제전의 이름을 붙였다. 이교도의 믿음과 미신을 효과적으로 몰아내기 위해서였다.

그리하여 하지의 불은 뜨겁고 밝게 타올랐다. 성 요한을 상징하는 이 불은 하느님의 빛을 가져오고(모세가 본 불타는 떨기나무를 가리킨다) 악의 흔적을 정화한다. 따라서 이때 고양이는 완벽한 사탄의 상징이 되었고, 이 상징은 다른 어떤 축제에서보다 강했다. 고양이는 무자비하게 없애야 할 존재였다. 고양이들은 버드나무 바구니에 갇혀 산 채로 불 속에 던져졌다. 파리의 경우, 성 요한 축제는 그레브 광장에서 벌어졌다. 왕이 몸소 행차해 불을 붙이는 일도 흔했고, 그 불구덩이 속으로 수많은 고양이들이 사라졌다(파리에서는 고양이를 자루에 넣어 던졌다). 이 잔혹한 풍습이 마지막으로 행해진 것은 1648년 루이 14세에 의해서였다. 고양이를 대단히 좋아했던 루이 15세는 이 관행을 폐지했다. 한편 독일과 영국에서는 성 요한 축일에 고양이를 불태우는 대신 물에 빠뜨려 죽였다.

 건물 준공식

잔혹한 고양이 학대가 종교적 연례행사에서만 일어난 것은
아니었다. 많은 지방에서 특정 직업에 입문할 때 거치는 일
종의 신고식 때 모의재판을 거쳐 고양이를 고문하고 목매달
아 죽였다. 이 음침한 단결 의식은 18세기 말까지 계속되었
다. 길조를 불러온다고 여겨진 다른 미신들도 마찬가지였다.

　단단히 뿌리박은 믿음 중 하나는 집을 지을 때 미래의 집
주인이 집 토대에 고양이를 매장해야 한다는 것이었다. 이렇
게 묻힌 고양이가 쥐를 쫓아 준다고(중세에 쥐는 큰 골칫거리였
다) 주장하는 이들이 있는가 하면, 악한 기운으로부터 집을
지켜 준다는 설도 있다. 한 술 더 떠서 벨기에에서는 완성된
집 안에 산 채로 고양이를 가두었다. 그런 다음 입주하기 전
까지 고양이를 굶어 죽게 내버려두었다. 일종의 준공식에
해당하는 이 무시무시한 전통의 유래는 훨씬 오래 전으로
거슬러 올라간다. 옛날에는 건축물이 무탈하게 오래 이용될
수 있도록 인신공양을 바쳤다. 이후 인간 대신 강력한 상징
적 가치를 지닌 동물을 제물로 바치게 되었고, 그것이 바로
고양이였다.

몇몇 건물을 세심하게 해체하다 보면 종종 벽 안에 파묻힌 채 미라가 되거나 바싹 말라붙은 고양이 시체가 나온다. 연대를 추정해 보면 이 혐오스러운 풍습은 700년 이상 지속되어 온 것이 틀림없다. 사실 프랑스뿐 아니라 영국에서도 매장된 고양이 시체는 발견되는데, 13세기부터 20세기 초의 것까지 있다.

농경 풍습에서도 잔혹한 일은 많았다. 프랑스 남서부에서는 고양이를 산 채로 땅에 파묻으면 잡초가 자라는 것을 막아준다고 믿었다. 다른 지방에서는 고양이에게 기묘하고도 다양한 치료의 힘이 있다고 믿었다. 그래서 많은 이들이 거침없이 고양이를 죽이곤 했다. 치료 효험이 있다고 여겨진 특정 장기를 먹거나, 고양이에게서 얻은 이런저런 재료로 복잡한 물약을 제조하기 위해서였다. 예를 들어 수고양이의 날고기는 간질을 예방해 주거나, 요통을 낫게 해 준다거나, 천식을 치료한다고 여겨졌다(이는 지방에 따라 달랐다). 알자스에서는 심지어 갓 잡은 검은 고양이의 따뜻한 뇌를 먹으면 투명인간이 될 수 있다고 믿었다! 마지막으로 13세기와 14세기에는 검은 고양이의 심장을 삶아 행운의 부적처럼 지니고 다니기도 했다.

서구 유럽 국가들과 달리 중국에는 고양이를 학대하는

풍습이 없었다. 태양 숭배에서 비롯된 유럽 축제와 비슷한 대규모 수확제는 중국에도 있었으나 이때는 고양이의 행동과 걸음걸이를 흉내 내는 춤을 추는 게 전부였다. 따라서 고양이는 상당히 호의적인 평판을 누렸다. 전해지는 이야기에 따르면 공자도 고양이를 길렀다고 한다. 또한 전설에 의하면, 고양이는 죽은 뒤에 자신에게 해코지했던 이들에게 앙갚음할 수 있는 힘이 있다고 알려졌다. 아마 이런 믿음 덕분에 중국 고양이들은 좋은 대접을 받았으리라 추측할 수 있다.

 아홉 개의 목숨

신성하고 숭배 받는 동물이었다가 이후에는 죄 없이 박해받고 고문과 학살에 시달려 온 역사에서 알 수 있듯이 고양이는 결코 무관심의 대상이었던 적이 없다. 특히 고양이의 수수께끼 같은 행동은 고양이에 대한 인간의 대조적인 태도와 결합되어 고양이를 둘러싼 미스터리를 몇 천 년 동안이나 유지해 왔다. 수수께끼 중 하나는 고양이가 수명이 매우 길며

아홉 개의 목숨을 지니고 있다는 믿음이다.

고양이의 놀라운 생명력, 고달픈 환경에서도 살아남을 줄 아는 능력, 이따금 훌쩍 집을 떠났다가 며칠(때로는 몇 주) 후에 돌아오는 독립심, 길들여졌다 해도 인간의 도움 없이 제 먹이를 찾을 줄 아는 재주…… 이 모든 특성은 고양이가 목숨이 아홉 개라는 믿음에 크게 기여했다.

9는 고대 이집트인들이 하나의 순환 주기를 완성하는 마법의 숫자라 여겼던 수였다. 그러나 이 마법적 가치는 이보다 훨씬 뒤늦은 17세기에 와서 다시 중요해졌다. 즉 마법에 대한 탄압이 정점에 달한 시기이다. 이는 구전 전승에서 마녀는 아홉 차례 고양이로 변신할 수 있다고 했던 것과 연관이 있다. 이와 유사하게 민간 전설에 따르면 고양이는 아홉 차례 환생할 수 있다고 한다. 반면 아랍 전설에서는 고양이의 목숨이 일곱 개라고 하는데, 7 역시 마법의 숫자로 이집트에서는 영원한 삶의 상징이었고 그리스에서는 지혜를 의미했다. 아랍 전설에서 진(djinn, 선하거나 악한 정령)은 고양이의 모습으로 많이 나타났다. 특히 악한 정령은 검은 수고양이의

모습이었다.

이처럼 고양이는 과거에 사회적으로 치명적인 위험을 끼쳤던 쥐와 설치류, 뱀을 퇴치하는 데 큰 도움을 주었음에 도 불구하고 그 공을 치하받은 적은 거의 없었다. 그것도 모 자라 중세 유럽에서 고양이는 악마의 하수인처럼 여겨져 가 혹한 박해를 받았다. 당시 아무렇지도 않게 행해졌던 그런 관습이 얼마나 잔인했는지 확실히 알 수 있는 예는 스코틀랜 드의 끔찍스러운 '축연'이다.

이는 17세기 하일랜드 지방에서 널리 행해졌다. 몇몇 깊 은 시골에서는 이후 족히 백 년간 지속되었다는 설도 있다. 타게름(taghairm)이라 불린 이 모임에서 진행자는 검은 고양 이를 산 채로 꼬챙이에 꿰어 불에 구웠다. 이러한 의식은 이 틀간이나 계속되었다. 그리고 첫 번째 고양이가 불에 타면 이이서 다음 고양이가 희생되었다. 고양이들의 찢어지는 비 명 소리는 사탄을 불러낼 때까지 계속되었다. 무지몽매했던 중세에 인간의 도착적 행위에는 한계가 없었다.

# 근대의 고양이

17세기 후반, 고양이는 상류사회에 진출하기 시작했다. 중세에 고양이를 집에 두는 것은 단지 쥐를 퇴치하는 탁월한 능력 때문이었다. 게다가 앞서 보았듯 13세기부터는 고양이에 대한 양면적인 인식 때문에 가족의 일원으로 쉽사리 받아들일 수 없는 분위기가 이어졌다. 먹이도 주지 않는 것이 보통이었다. 육식하는 본능을 날카롭게 만들고 배를 고프게 만들어 쥐 잡는 능력을 더 뛰어나게 만들기 위해서였다.

그러나 유럽의 부르주아와 귀족 계층은 차츰 고양이에게 심취하게 되었다. 고양이의 미스터리함, 털의 아름다움,

이따금 거슬리지 않는 가르랑거리는 소리로만 제 존재를 표현하는 조용함, 나긋나긋한 움직임, 우아한 동작, 주의 깊게 이야기를 들어주는 듯하고 먼발치에서 바라보는 듯이 섬세하게 곁에 있어 주는 유쾌함……. 한마디로 오늘날 고양이가 매력적인 반려동물로 사랑받게 하는 특징이 전 사회 계층을 매혹시킨 것이다.

17세기 중반, 스위스의 의사 콘라트 게스너(Conrad Gesner)와 이탈리아의 박물학자 울리세 알드로반디(Ulisse Aldrovandi)는 고양이의 명예 회복에 일조했다. 두 과학자는 오랫동안 꼼꼼하게 고양이를 관찰한 뒤, 인간과의 관계 속에서 고양이의 행동과 고양이가 주인과 맺는 관계를 묘사했다. 유럽 엘리트 계층에서 나온 이 탁월한 연구 덕분에 고양이는 구세계의 부유한 저택이며 유명한 살롱, 왕궁과 왕가의 일원으로 편입될 수 있었다.

프랑스에서 고양이의 유행은 17세기 초에 시작해 후반에 급격히 퍼졌다. 영국에서는 여전히 대규모 예배 행렬 때면 교황을 본 따 만든 헝겊 인형 안에 고양이를 산 채로 넣고 불태워 죽이던 시절이었다. 시골 민중 축제에서도 버드나무 바구니에 가둬놓은 산 고양이를 과녁 삼아 사격을 하는 등 섬뜩한 여흥이 벌어졌다. 그러니 아직 갈 길은 꽤 멀었다. 고양이를 인간의 잔혹함으로부터 구해 줄 계몽주의 시대는 마침 적당한 때에 찾아온 셈이었다.

그러나 특정 지방에서는 열렬한 동물 보호자들에 의지해서야 그런 잔혹함을 멈출 수 있었다. 예를 들어 메츠에서는 성 요한 축일의 잔인함에 대한 논쟁이 10년 이상 지속되었다. 고양이를 불에 던지는 끔찍한 전통은 1773년에야 비로소 폐지되었다. 그리고 이프르에서 고양이를 산 채로 종탑에서 내던지는 관습을 멈춘 것은 19세기 초에 이르러서였다. 이는 무려 855년간이나 지속되어 온 학살이었다.

17세기는 또한 유럽에 훨씬 세련된 고양이들이 들어온 시대이기도 했다. 이들은 일종의 사치품이라고 할 수 있었다. 알렉산드리아, 바그다드, 키프로스 등 멀리 동방에서 여행을 통해 들여와 종종 아주 비싼 값에 거래된 이 고양이들은 부유한 주인의 자부심을 한껏 채워 주었다.

그리하여 이탈리아에는 시리아고양이라는 이름의 호랑이 무늬 고양이(잿빛 털에 흑백 줄무늬가 있다)가 등장했다. 이들은 곧 서유럽에 널리 퍼진 반면, 길고 비단결 같은 털을 지닌 앙고라고양이는 로마에서 암거래의 대상이 되었다. 17세기 중엽, 명성 높은 박물학자이자 여러 희귀종의 발견자인 니콜라 드 페레스크(Nicolas de Peiresc, 1580~1637)가 현재의 페

르시아고양이의 조상으로 추정되는 고양이를 프랑스에 들여
왔다. 이 호화로운 고양이의 고향은 터키 앙카라였다.

 문학적 재평가

이제 새로운 종의 고양이들이 낳은 보다 다양한 종을 얻을
수 있게 되었고, 그 독특함과 새로운 매력은 고양이의 인기
가 높아지는 데 일조했다. 그리고 18세기부터 이 인기는 열
광이 되었다.

　　1727년, 프랑수아-오귀스탱 파라디 드 몽크리프(1686~
1770)가 내놓은 『고양이(Les Chats)』라는 제목의 책은 고양이
에 대한 최초의 문학적 재평가였다. 몽크리프는 『페르시아인

의 편지(Lettres persanes)』와 비슷한 생기발랄한 어조로 고양이의 명성을 드높이는 데 힘썼다. 작품에서 그는 유머를 담아 지난 역사 속에서 고양이의 평판을 더럽혀 온 모든 고리타분한 통념들을 깨부수려 노력했다. 이 점에서 몽크리프는 아무런 금기 없이 모든 주제를 다루었다.

때로는 박식하게 때로는 우습게 때로는 감동적으로, 그는 다양한 지식을 마음껏 발휘하여 독자들을 설득시켰다. 이따금 사뭇 과장된 표현을 쓰기도 했는데 그래서 그는 당대의 몇몇 비평가에 의해 '고양이 역사가'라는 별명을 얻었다(볼테르가 경멸적인 어조로 그런 별명을 붙였다). 상당한 비판을 받았음에도 불구하고 몽크리프는 1733년 아카데미 프랑세즈의 회원으로 선출되었다.

그러나 비판 정신이 고개를 들기 시작한 18세기에 고양이의 태도는 '자유'라는 단어를 그려내는 사회적 대변동이 일고 있음을 느끼는 모든 이에게 분명 호의적이고 상징적인 반향을 얻어냈다. 이런 의미에서 몽크리프의 작품은 시기적으로 적당하게 나타난 셈이었다.

이러한 계몽주의의 시대 한복판에서도 고양이가 모두의 호감을 산 것은 아니었다. 예를 들어 뷔퐁(1707~1788년)이라는 이름으로 잘 알려진 조르주 루이 르클레르는 루이 도방통

(1716~1800년)과의 협력으로 1749년에서 1804년에 걸쳐 출간한 44권의 유명한 저작『박물지(Histoire naturelle)』에서 고양이를 묘사하는 데 상당한 부분을 할애했다. 그런데 뷔퐁이 보기에 고양이는 '필요 때문에 기르는 불충실한 가축'이었다. 이에 그치지 않고 뷔퐁은 고양이가 '타고난 간교함, 거짓된 기질, 선천적 비뚤어짐'을 지니고 있다고 썼다. 이는 고양이의 열렬한 애호가와 비방가 사이에서 대립의 싹이 트고 있는 것이라 할 수 있다. 어쨌든 여기서 뷔퐁은, 때로는 과학적 엄정함보다 문체에 더욱 치중하여 너나할 것 없이 고양이를 기르는 풍조를 부추기는 최근의 열광 현상에 대해 불만스러운 심기를 일부러 강조하여 표현했던 듯하다. "오직 훌륭한 작품만이 후세에 전해진다"라고 믿었던 뷔퐁의 저작은, 스웨덴의 의사이자 식물학자인 린네(1707~1778)가 제안한 체계적인 종 분류법이 등장하자 곧바로 잊혔다.

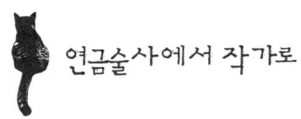

## 연금술사에서 작가로

18세기 말부터 19세기 초까지, 낭만주의의 물결이 전 유럽을 휩쓸어 고전주의와의 완전한 단절을 표했다. 낭만주의는 민족 문화로의 회귀를 강조했으며, 중세 기독교의 원초적인 순수를 그 원천으로 삼았다.

철학 이론에 대한 열광, 종교적이고 신비주의적인 감성, 비이성적인 것과 오컬트주의에 대한 흥미, 이러한 특성들로 인해 유럽 낭만주의에서 고양이가 여전히 마법사와 결부되는 것은 당연한 일이었다. 한 발 더 나아가 고양이는 이제 저주받은 예술가, 화가나 작가의 이상적인 동반자가 되었다. 미스터리하고 주변적인 성격을 지닌 이 반항적인 생물은 쉽사리 언어와 색채의 연금술사와 동일시되었다. 그러나 이번에 사람들은 과거 고양이를 불 속으로 던져 넣었던 때와 똑같은 이유로 고양이를 찬양했다. 고양이는 이제 아무 거리낌 없이 악마주의를 내세울 수 있을 것처럼 보였다!

이러한 새로운 경향을 가장 잘 보여 주는 예가 에드거 앨런 포(1809~1849)의 단편소설 「검은 고양이(Le Chat noir)」이다. 이 환상 단편은 보들레르가 번역한 『새로운 기담

(Nouvelles Histoires extraordinaires)』(1845)에 수록되었다. 작품에서 포는 악행과 광기로 내몰리는 인물을 묘사하는데, 검은 고양이는 그 원인 제공자이자 동시에 희생자이다. 포는 이러한 이중성을 경이롭게 그려낸다. 검은 고양이는 공포의 이미지인 동시에 은폐된 범죄를 밝혀내는 정의의 도구가 된다.

포보다 20년쯤 앞서서, 독일의 작가이자 작곡가인 에른스트 테오도르 빌헬름 호프만(1776~1822년)은『수고양이 무르의 인생관(Le Chat Murr)』을 통해 고양이의 유쾌한 여정을 이야기했다. 주인공 무르는 박식하고 장난기 많은 수고양이이다. 지성과 짓궂음이 교묘하게 뒤섞인 고양이 무르의 성격은 일찍이 파라디 드 몽크리프가 고양이에 대해 펼쳤던 찬탄어린 묘사와 닮아 있다.

얼마 후, 사실주의 문학이론의 대가 중 한 명이며 샹플뢰리라는 필명으로 알려진 쥘 위송(1821~1869)이 고양이를 다른 방면에서 고찰한 저서를 낸다. 『고양이(Les Chats)』(1869)

라는 제목의 이 책은 열정적인 관찰과 진실을 바탕으로 하여
고양이의 역사를 다루었다. 작품 속 이야기와 일화들은 빅토
르 위고(위고 역시 고양이 애호가였다)가 높이 평가했던 샹플
뢰리의 따스한 어조와 문학적 힘을 잘 드러낸다. 쾌활하면서
명석하고 동시에 박식한 이 작품은 확실히 낭만주의가 발전
시켰던 주제들과는 공통점이 없다. 책에서 샹플뢰리는 다양
한 고양이를 언급한다. 특히 테오필 고티에(1811~1872, 프랑
스의 시인이자 소설가-역주), 프로스페르 메리메(1803~1870, 프
랑스의 소설가, 대표작으로 「콜롱바」, 「카르멘」이 있다-역주), 생
트뵈브(1804~1869, '프랑스 근대비평의 아버지'라 불리는 비평가,
시인, 소설가-역주), 비올레 르 뒥(1814~1879, 프랑스의 건축가,
노트르담 대성당 등 중세 건축물의 수리와 복원으로 유명하다-역
주) 등의 고양이가 등장한다. 게다가 샹플뢰리는 최초로 고
양이의 놀라운 사회적 변화를 지적한 작가였다. 과거 유황

냄새가 풍기는 연금술사의 신비주의적 작업실에 있던 고양이는 작가의 책상을 비추는 품위 있고 영광스런 빛으로 옮겨온 것이다.

주제와는 좀 동떨어진 이야기지만, 샹플뢰리의 놀라운 개성은 언급하고 넘어갈 만한 가치가 있다. 그는 샤를 보들레르, 귀스타브 쿠르베, 오노레 도미에(프랑스의 화가이자 판화가, 풍자만화가-역주), 테오도르 드 방빌(프랑스의 시인-역주), 제라르 드 네르발, 오노레 드 발작, 알프레드 드 비니, 테오필 고티에, 나다르라는 예명으로 유명한 펠릭스 투르나숑(19세기 프랑스의 사진가. 당대 많은 문인과 유명인의 초상 사진을 남겼다-역주) 등 수많은 문인과 예술가의 친구였으며, 뛰어난 재능으로 1840년대의 보헤미안적 문인들을 그려낸 흥미진진한 작품 『젊음의 추억과 초상』을 남겼다.

앞서 인용한 작품 이외에도, 고양이가 등장하는 유명

한 작품은 많다. 『여우 이야기(Roman de Renard)』(12세기), 『장화 신은 고양이(Le Chat botté)』(페로, 1697), 『어느 영국 암고양이의 사랑의 아픔(Peines de cœur d'une chatte anglaise)』(발작, 1842), 『이상한 나라의 앨리스(Alice in Wonderland)』(루이스 캐럴, 1865), 『두 암고양이의 생애(Vies de deux chattes)』(피에르 로티, 1891), 『고양이 폐하(Sa Majestéle chat)』(루이 누세라, 1992) 등이다.

『이상한 나라의 앨리스』의 체셔 고양이

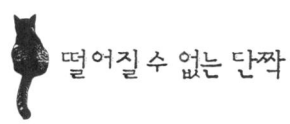

## 떨어질 수 없는 단짝

혼자 있을 때가 많고(어쨌든 독립과 자유로움이라는 면에서), 몸과 마음을 다해 집필에 몰두하고 있을 때면 거의 부동의 자세로 몇 시간씩 침묵을 지킨다는 점에서 작가는 고양이의 이상적인 동반자이다. 어쨌거나 고양이와 작가는 서로 만날 수밖에 없다. 프랑스어로 고양이를 부르는 이름 중 하나에서도 이런 연관성은 드러난다.

사실 그레피에(greffier, 오늘날에는 보통 법원의 서기를 뜻하며 옛날에는 고양이를 의미했다-역주)는 원래 고양이를 뜻하는 은어적인 단어였다. 그런데 어원을 따져 보면 그레프(greffe)는 법률 문서 작성으로 분주한 법원 서기(greffier)가 사용하는 칼 모양의 뾰족한 필기구를 가리켰다. 서기가 이것으로 양피지를 긁는 방식이 고양이의 발톱과 연관되었다(프랑스어로 '긁다'라는 동사는(griffer, '발톱'이라는 명사는 griffe이다-역주). 따라서 그레프(greffe, 필기 도구)와 그리프(griffe, 발톱)의 이런 말장난 덕분에 인간과 고양이는 글쓰는 동작을 통해서 서로 만나게 된다.

고양이와 작가의 이 상호적 이끌림은 르네상스 시대부

터 현실이 되었으며, 당시 고양이를 그린 훌륭한 작품이 많이 나왔다. 한 예로 조아생 뒤 벨레(1522~1560, 프랑스의 시인, 『프랑스어의 옹호와 현양』으로 유명하다-역주)는 유명한 소네트(14행의 짧은 시로 이루어진 서양 시가)에서 '벨로'라는 이름의 아끼던 고양이의 죽음을 애도했다(1558년).

몇 세기 이후, 고양이는 완벽하게 작가들의 삶의 일부가 되었다. 조르주 상드(1804~1876년)는 아침식사를 할 때 자기 고양이와 같은 접시를 썼다. 한편 에드거 앨런 포는 고양이 카리타를 어깨에 앉힌 채 집필했다. 브론테 자매는 1844년 위풍당당한 고양이 타이거가 죽자 그 슬픔에서 오랫동안 헤어 나오지 못했다.

『악의 꽃(Fleurs du mal)』의 저자이자 에드거 앨런 포의 작품을 프랑스어로 옮긴 천재 번역가이기도 한 시인 샤를 보들레르(1821~1867) 역시 고양이를 숭배했다. 어떤 이들은 고양이에 대한 보들레르의 열정적인 애착에 대해 과도하다고 보았다. 심지어 그의 행동이 편집증(진짜 정신병리라는 의미로)에 가까운 병적 집착이었다고 했던 이들도 있다. 예를 들어 보들레르는 산책을 하다가 고양이를 만나면 마치 그에 사로잡히기라도 한 듯, 아니 마비되기라도 한 듯이 그 자리에 멈춰 섰다고 한다. 한편 보들레르는 아나톨 프랑스(1844~1924),

기 드 모파상(1850~1893) 등과 함께 알렉상드르 뒤마 피스 (1824~1895)가 세운 '고양이보호연합' 창설에 참여했다.

영국 시인 토머스 엘리엇(1888~1938)은 키우던 고양이 들로부터 영감을 얻어 열네 편의 시로 이루어진 시집『지혜로운 고양이가 되기 위한 지침서(Old Possum's Book of Practical Cats)』(뮤지컬 〈캐츠〉의 원작이기도 하다-역주)를 썼다. 언어유희를 중심으로 구성된 각 시에서 엘리엇은 자신의 고양이들에게 인간적인 속성을 부여했다.

한편 체코의 극작가 카렐 차페크(1890~1938, 사회적 SF 의 선구자이며, '로봇'이라는 단어를 최초로 사용한 것으로 유명하다-역주)는 수십 마리의 고양이를 길렀고, 그 역시 작품 집필에 있어 고양이들에게 깊은 영향을 받았다. 레이먼드 챈들러 (1888~1959, 하드보일드의 거장으로 간주되는 미국의 추리소설가-역주)는 페르시아고양이 타키를 마치 고양이 비서처럼 여기고 의지했다. 샤르트뢰고양이(프랑스 토종의 고양이로, 푸른색이 도는 짧은 털과 구리빛 눈동자, 통통한 볼이 특징이다-역주)를 특히 좋아한다고 털어놓은 바 있는 프랑스의 소설가 콜레트(1873~1954)는 유명한『동물들의 대화(Sept dialogues de bêtes)』에서 앙고라고양이 '얌전둥이 키키'와 불독 토비가 나누는 상상적인 대화를 그려냈다. 장 콕토(1889~1963)가 애호한 종은 샴고양이였다. 고양이가 개보다 뛰어나다는 점을 입증하고 싶었던 그는 그 이유로 "경찰 고양이는 없으니까" 라는 말을 입버릇처럼 되풀이하곤 했다. 콕토의 영화《미녀 와 야수》에서 장 마레의 야수 분장은 확실히 고양이과 동물 에게서 영감을 얻은 것이다.

고양이를 작품에 등장시킨 작가는 수없이 많지만, 러디 어드 키플링(1865~1936)의 『혼자 걸어간 고양이(The Cat That Walked by Himself)』는 고양이의 태도를 완벽하게 요약해 보여 주는 모범적인 이야기이다. 이 이야기에서는 한 쌍의 남녀 가 많은 동물들을 길들여 그들을 섬기도록 만드는데, 고양이 만은 이를 거부한다. 그럼에도 고양이는 약간의 우유와 잠잘 곳을 제공받은 대가로 집 안의 쥐를 잡아 준다. 하지만 고양 이가 무엇보다도 진짜 원하는 것은 "혼자서 걸어가며, 그 무 엇에도 별 관심 없는 고양이"로 남는 것이다.

아동문학 분야에서도 고양이가 의인화되어 주인공으로 나오는 작품은 많다. 이 방면에서 가장 교훈적인 작품 중 하 나는 아마 베아트릭스 포터(1866~1943)의 동화일 것이다. 그 러나 20세기 중반에 등장한 캐슬린 헤일이 창조한 유명한 붉 은 털 고양이 올랜도 역시 특별히 살펴볼 가치가 있다. 올랜 도와 아내 그레이스, 둘의 아기고양이들이 함께하는 모험을 그려낸 이 작품은 아동문학의 고전 반열에 올랐다(스무 편 정도의 작품이 전 세계에 번역되었다).

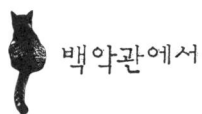 백악관에서

고양이의 우아함과 독특한 행동과 유연함은 작가들 뿐 아니라 미술가와 만화가들에게도 영감을 제공했다. 또한 일본의 화가 안도 히로시게(1797~1858)는 그림에서 고양이의 특성을 그대로 유지하면서 인간적인 포즈와 감정을 담아 그려냈다. 이런 의인화 기법은 영국 화가 루이스 웨인(1860~1939)에게서도 찾아볼 수 있다. 전 영국 고양이 클럽의 2대 회장이기도 했던 웨인은 의인화된 고양이의 매력적인 모습을 빌려 영국 빅토리아 시대의 풍속을 풍자했다.

　스위스 출신의 프랑스 화가 테오필 슈타인(1859~1923)은 고양이를 주제로 한 삽화와 회화 작품을 많이 남겼으며, 특히 잡지 수록용이 많았다. 그리고 광고가 수월하게 예술의 경지까지 오를 수 있던 이 축복받은 시대에 그는 뱅장 우유 광고 등의 많은 포스터로 명성을 쌓았다. 1881년 몽마르트르에 세워진 간판격 카바레 '검은 고양이'의 포스터 역시 유명하다. 이 작품에서 도발적인 모습의 고양이는 전적으로 부르주아 질서에 대한 반항을 상징한다.

　최근에 고양이가 나오는 이야기로는 다케우치 원작의

만화 〈세일러문〉을 들 수 있다. 주인공은 정의의 용사로 활약하는 여고생이며, 고양이의 도움을 받아 임무를 무사히 달성한다. 또한 일본 만화가 히로시 후지모토(1934~1996, 후지코 F. 후지오라는 필명으로 더욱 유명하다-역주)가 창조한 원자력으로 움직이는 고양이 도라에몽 역시 빼놓을 수 없다. 도라에몽 시리즈는 전 세계적으로 엄청난 인기를 누렸다.

미국의 화가들은 광기를 선호하는 듯하다. 조지 헤리먼(1880~1944)이 1913년 창작한 〈크레이지 캣(Krazy Kat)〉의 매력적인 고양이는 생쥐에게 홀딱 반해 보답 없는 짝사랑에 시달린다. 그러나 기괴함이라는 면에서 단연 돋보이는 작품은 오토 메스머(1892~1983)의 1923년작 만화 〈요술 고양이 펠릭스(Felix the cat)〉이다. 총명하고 에너지가 넘치며 적대적인 세상 때문에 끊임없이 혼란스러워 하는 고양이 펠릭스는 전 세계적인 성공을 거두었다.

일일이 늘어놓자면 끝이 없겠지만, 고양이를 몹시 사랑했던 시인과 작가의 이름을 더 꼽아 보자면 다음과 같다. 폴 베를렌(1844~1896), 쥘 라포르그(1860~1887), 프랑시스 잠(1868~1983), 폴 레오토(1872~1956), 레옹-폴 파르그(1876~1947), 기욤 아폴리네르(1880~1918), 마르셀 주앙도(1888~1979), 모리스 주느부아(1890~1980), 앙드레 말로

(1901~1976), 조르주 브라상스(1921~1981) 등이다.

그러나 고양이와의 친밀한 관계가 예술가들만의 전유물은 아니다. 미국 대통령 중 많은 이가 고양이에 대한 애정을 숨김없이 표현했으며, 특히 에이브러햄 링컨(1804~1865), 시어도어 루스벨트(1858~1919)가 그랬다. 빌 클린턴 역시 고양이 애호가로, 그의 고양이 '삭스'는 백악관의 작은 스타였다.

같은 맥락에서, 영국 수상 관저가 있는 다우닝가 10번지도 다수의 고양이를 정중하게 맞이해 왔다. 고양이에 대한 깊은 애정을 표한 바 있는 윈스턴 처칠 경(1874~1965)은 여러 마리의 고양이를 길렀다. 과거로 거슬러 올라가 보자면, 리슐리외 추기경(1585~1642)은 아기고양이를 특히 귀여워해 몸소 돌보아 주길 즐겼다. 전해지는 말에 따르면 고양이에 대한 이런 열정 덕분에 그는 유산 일부를 자신의 사후에 고양이를 부양하는 데 쓰도록 특별히 남겼다고 한다.

이런 열광은 자연스레 1871년 최초의 캣쇼 개최로 이어졌다. 해리슨 위어가 조직한 이 행사는 런던 하이드파크의 크리스털 궁전에서 개최되었다. 출품자 대부분은 런던 귀족 계층이었다. 이 최초 행사의 성공에 힘입어 주최진은 다른 도시에서 여러 차례의 캣쇼를 열었다. 동시에 많은 클럽이 창설되었고 캣쇼는 매년 개최되게 되었다.

프랑스는 족히 20년이 지나서야 이 대열에 합류했다. 프
랑스 최초의 캣쇼는 1896년 자르뎅 다클리마타시옹(불로뉴
숲에 있는 동물원과 과학박물관이 있는 놀이공원-역주)의 후원을
받아 파리에서 열렸다. 몇 년 뒤인 1913년 '프랑스와 벨기에
고양이 클럽'이 탄생했다. 이후 명확한 특성에 따라 각 고양
이 종을 정의할 수 있는 기준을 구상하기 위한 다양한 제안
이 이어졌다. 그 결과, 19세기 말에는 고양이가 약 15종에 불
과했던 반면, 21세기 초인 현재는 공식적으로 등재된 종수만
약 40종에 이른다. 그래도 이는 약 200종이 있는 개에 비하면
적은 편이다.

# 사회적 행동

반려동물, 특히 고양이와의 생활을 즐기는 이들은 그들의 충
실한 벗이 '말을 한다'고 단언한다. 이는 전혀 엉뚱한 얘기가
아니다. 게다가 이런 발언에서는 은밀한 도발의 의도가 드러
난다.

귀여워하는 동물에게 발언권을 쥐어주고자 하는 이런 방
식에 있어서, 열광적인 고양이 애호가가 얘기하고자 하는 바
는 한결같다. 그들은 자신의 고양이와 소통할 수 있으며, 고
양이는 자기 의사를 사람에게 이해시키는 법을 안다는 것이
다. 이렇게 소중한 순간들을 함께 나누고 있다고 경험하는 상

호관계는 인간과 동물의 완벽한 의사소통이라 볼 수 있다.

사실 고양이(인간과 친숙한 다른 동물도 마찬가지로)는 자기만의 고유한 언어를 지니고 있다. 고양이는 매우 다양한 소리, 태도, 행동으로 감정을 표현하며 우리는 그것을 해석하는 법을 쉽게 배울 수 있다.

1930년부터 연구자들은 집고양이가 사용하는 16개의 서로 다른 발성을 구분할 수 있게 되었다. 최근 수의사들은 고양이의 발성을 23가지로 분류했다. 일반적으로 고양이가 내는 소리는 세 종류이다. 즉 발성, 낮은 포효, 날카로운 외침이다. 골골대는 소리와 부드러운 환영의 속삭임(주인이 집에 돌아왔을 때 내는 소리)은 '낮은 포효'에 속한다.

고양이의 골골거림이 어디서 나는 것인지는 여전히 풀리지 않은 미스터리이다. 그러나 일부 연구에 의하면 매우 특수한 이 소리는 하대정맥(심장의 피를 머리로 운반하는 혈관)의 소용돌이에서 나는 것일 수 있다. 이 소용돌이가 진동을 일으키고 진동이 기관을 타고 올라오면서 골골대는 소리를 낸다는 것이다.

어쨌거나 골골거림은 진정한 의사소통으로서 훌륭한 수단이 된다. 아기고양이는 태어난 지 며칠 안 되었을 때부터 골골 소리를 낸다. 하지만 생후 3~4주가 지나야 아기고양이는 골골대는 소리를 끊김 없이 낼 수 있다. 그 전에 아기고양이가 내는 이런 소리는 지속되지 않는다. 대개 숨을 내쉴 때나 젖 먹을 때 주로 난다.

골골거림은 어린 새끼와 어미 관계에서 분명한 역할을 한다. 이 낮은 소리는 다양한 뉘앙스를 지닌다. 암고양이가 안정감을 원하고 새끼들과의 접촉을 계속하고 싶을 때의 가르랑거림은 질책할 때의 소리와는 전혀 다르다. 새끼들을 핥아주고, 말을 건네는 것 같을 때 어미고양이의 골골 소리는 아기고양이들이 지나치게 까불어댈 때 내는 소리와는 비교도 할 수 없다. 그럴 때면 어미고양이 소리는 새끼들을 꾸짖으려는 것이 명확한 낮은 으르렁 소리로 변한다.

강도와 음역이 다양한 골골 소리가 언제나 만족스런 감정만을 표출하는 것은 아니다. 예를 들어 지배적인 상대 앞에서 복종해야 하는 상황에 놓인 젊은 수컷은 골골거림을 통해 안심의 메시지를 보내는 것으로 여겨진다.

그렇기는 하지만 대부분의 경우 골골거림은 고양이가 만족스럽고 평온한 상태에 있음을 알린다. 동료의 행동에 대답하거나, 자신을 쓰다듬어 주는 상냥한 손길과 사이좋게 지내려는 뜻으로 말이다. 그 순간 고양이는 마치 인간과 화합을 이루며 진동하는 것 같다. 골골거림은 명확한 기쁨의 표

현일 뿐 아니라, 어쩌면 사람의 미소 같은 것을 소리로 나타
내는 건지도 모른다.

 ## 발달된 의사소통

한편 야옹거리는 울음소리는 발성에 속한다. 이는 소형 고양
잇과 동물과 표범속의 대형 맹수를 구분하는 특징이다. 주의
깊은 관찰자라면, 소망이나 불평이 얼마나 간절한지에 따라
(애원하거나 고집스레 요구하거나) 미묘하게 어조가 달라지는
이 울음소리에 감탄하게 된다.

　울음소리를 내는 데 있어서, 특정 동물들(혹은 특정 종들)
은 다른 동물들보다 훨씬 더 표현력이 풍부하다. 많은 고양
이가 야옹 소리를 무한히 다양하게 낼 수 있는 것처럼 느껴
질 정도다. 여기서도 알 수 있듯 고양이의 야옹 소리는 무척
발달되고 의도적인 의사소통 표현이 확실하다. 제 동료들과
의 소통이든 인간과의 소통이든 상관없이 말이다.

　고양이가 내는 모든 소리 중에서 야옹 하는 울음소리는

대단히 넓은 범위의 주파수를 구사할 수 있다. 프랑스에서는 이 소리를 미아우(miaou)라는 단어로 표현한다. 하지만 독일에서는 고양이 울음소리를 메우(méou)라 하며, 영국에서는 뮤(mew)라고 한다.

고양이가 내는 낮은 소리 중 분명하게 들리는 골골 소리는 입이 닫힌 상태에서 나지만, 야옹 소리는 입이 열렸다가 닫히는 느린 동작에서 발생한다. 집에서 고양이를 기르며 고양이와 소통할 줄 아는 사람이라면, 자기 고양이가 내는 여러 야옹거림을 알아듣는다.

물론 이런 소리는 고양이가 먹이를 달라고 조르는지, 아니면 주인이 먹이를 준비하는 것을 보고서 빨리 달라고 안달하는지에 따라 다르다. 바닥에 놓아 주는 밥그릇에 코를 갖다 댈 때 고마워하는 울음소리는 또 다르다. 그리고 문을 열어 달라고 부를 때와 문간에서 자신이 잡아 온 사냥감을 자랑스럽게 보여 주고 싶어 야옹 하는 소리도 다 다르다.

고양이를 키우는 많은 사람들이 자신의 고양이와 어렵지 않게 대화를 나눠 왔다는 사실은 누구나 알고 있다. 고양이는 주인이 던지는 짧은 말에 다양하고 미묘한 야옹 소리로 대답하는 것처럼 보인다. 이런 대화의 가장 단순한 예는 주인이 제 이름을 부르면 고양이가 야옹 하고 대답하고는 주인 쪽으로 자연스럽게 몸을 향할 때다. 같은 순간 고양이는 담요 위에 웅크린 자세를 유지한 채, 관심 없다는 듯 야옹 소리로 대답만 하며 반응할 수도 있다.

마지막으로 발정기의 암컷이 내는 특징적인 발성이 있다. 반복적이고 단조로운, 이따금 매우 거슬리게 들리는 이 소리에 대해 어떤 이들은 수컷을 유혹하는 것이 그 목적이라고 한다. 단지 심한 호르몬 불균형 때문이라고 생각하는 사람들도 있다. 어찌됐든 이러한 발성 역시 중요한 관계를 맺도록 돕는다.

발정기의 암컷이 내는 신음 이외에도 고양이가 내는 독특한 소리는 또 있는데, 주로 동료 고양이나 다른 동물을 향해 내는 소리다. 이때 나는 소리는 훨씬 강한데, 으르렁거리고 하악거리는 소리로 고양이는 입을 계속 벌린 상태로 소리를 낸다.

133

　공격이나 위협을 받는 상황에서 고양이는 다양한 소리를 무기로 삼는다. 만약 다른 고양이나 다른 동물 같은 적과 마주했을 때 제 쪽이 약하다고 느끼면, 흔히 고양이는 등을 둥글게 부풀린다. 털을 곤두세우고 발을 쭉 뻗은 채(더 크고, 강해 보이기 위해서) 으르렁거리기 시작한다. 그리고 위험이 크게 느껴질수록 으르렁 소리도 커진다. 그리하여 고양이는 무시무시한 크르릉 소리를 내거나, 쉭쉭대고 하악거리는 소리를 낸다.

　이 호전적인 태도에는 특징적인 행동도 동반된다. 배가 부르고 평온하게 쉬고 있는 고양이의 눈은 따뜻하게 깜빡거린다는 것을 관찰한 적이 있을 것이다. 편안한 환경에 있는 차분한 고양이는 마치 애교라도 부리는 것처럼 미소 지으며 사람들을 바라본다. 반대로, 공격이나 위협에 처한 고양이는 조금도 흔들리지 않는 눈빛으로 오랫동안 빤히 상대를 쏘아보며 적에게 겁을 주려고 한다. 다가오지 말라는 신호를 보내는 것처럼 말이다. 이 포즈는 본격적인 싸움에 돌입하기 전 단계에 해당하며, 이때 고양이는 귀를 납작하게 젖히고 이를 드러낸다.

고양이가 내는 다양한 소리는 병적인 악취미를 지닌 사람들의 관심을 끌었다. 16세기에 잔혹한 흥행사들은 여러 개의 상자에 고양이들을 가두고, 상자에 구멍을 내서 꼬리만 빼낸 뒤, 강도와 길이를 달리해 번갈아 가며 꼬리를 잡아당겼다. 유감스럽게도 고양이의 울음과 비명이 이루는 이 잔인한 콘서트에는 상당한 구경꾼이 몰렸다. 심지어 이런 '야옹이 연주회'가 파리와 런던에서 여러 차례 공연될 정도였다.

물론 이는 고양이에게서 평화적으로 영감을 얻어 음악을 작곡하는 진짜 예술가들과는 전혀 관계없는 이야기이다. 가장 유명한 작품 중 하나는 아마 모리스 라벨의 〈어린이와 마법(L'enfant et les sortilèges)〉일 것이다(콜레트가 각본을 썼다). 그 외 고양이를 소재로 한 작품으로는 스카를라티의 〈고양이 푸가(La Fugue du Chat)〉, 로시니의 〈익살스러운 고양이 이중창(Duetto buffo dei due Gatti)〉, 오펜바흐의 〈여인으로 변신한 고양이(La Chatte métamorphosée en femme)〉 등이 있다.

 발톱으로 긁기와 냄새 남기기

아무리 복잡하고 다양하다 해도, 고양이가 소리만으로 폭넓은 의사소통을 하기는 부족하다. 따라서 고양이는 흔적 남기기(마킹)를 통해 동료 고양이나 인간과 보다 정교한 소통을 꾀한다.

고양이가 제 흔적을 남기는 기술 중 하나는 발톱으로 긁기(스크래칭)이다. 이는 눈에 뚜렷하게 보이는 흔적을 남긴다. 자연에서 고양이는 나무나 울타리 아래쪽을 할퀴거나 물어뜯는다(뒷발로 버티고 서서 약간 높은 곳에 흔적을 남긴다). 이렇게 표시하는 곳은 제 영역의 한복판에 해당한다.

따라서 집 안에 사는 고양이가 당신이 아끼는 아름다운 소파 손잡이를 보란 듯이 발톱으로 긁는다 해도 그것이 심술에서 우러나온 행동이라고 여겨서는 안 된다. 고양이는 본능에 따라 행동할 뿐이다. 잘 보이는 방식으로 제 영역을 표시하는 것이다. 당신이 일부러 신경 써서 구석에 감춰 둔 근사한 스크래처(고양이 발톱갈이 용구-역주)는 아무 소용이 없다. 효과를 보려면 스크래처를 방 한가운데 두어야 한다.

모든 포유류가 그렇듯 고양이에게도 많은 냄새샘이 있

다. 이 냄새샘 역시 영역 표시의 도구이다. 냄새 분비선은 턱, 입술, 어깨, 엉덩이, 꼬리 끄트머리, 발톱 사이 공간과 눈 주변에 있다. 따라서 고양이가 어떤 사물에 몸을 비비대는 것은 나중에 돌아왔을 때 맡을 수 있는 냄새의 흔적을 남겨 영역을 표시하는 행동이다. 앞서 말했듯 고양이는 발가락 사이에 냄새샘이 있기 때문에, 스크래칭을 하면 눈에 보이는 흔적과 냄새의 흔적이 동시에 남는다. 한편 고양이가 집에 돌아온 주인의 다리에 계속 몸을 문지르는 것은 영역 표시라기보다 인사의 일종으로 보아야 한다.

또한 고양이는 대변이나 소변을 통해 특히 강한 냄새를 남긴다. 배설물에서 나는 냄새는 마킹을 통한 의사소통에서 중요한 역할을 한다. 하지만 잘 알려진 대로 고양이는 제 대변을 파묻는데, 그러면 냄새도 약해지기 마련이다. 그러나 고양이가 볼일을 보는 순간 항문 양쪽에 위치한 냄새샘은 열일곱 가지 서로 다른 화학물질로 이루어진 액체를 방출한다. 영역 표시 기능을 하는 것은 배설물 자체라기보다는 바로 이 액체이다. 또한 수고양이 중에는 제 본래 영역을 벗어난 상황에 처하면 대변을 파묻지 않는 녀석도 있다. 이는 냄새를 확산시켜 영역을 확보하려는 시도이다.

어떤 연구자들은 이 영역 표시 행동을 잠재적인 침입자

를 쫓아내기 위한 신호라 해석한다. 그런데 다른 고양이가 남긴 냄새나 흔적을 보는 것만으로 달아나는 고양이는 없다. 따라서 흔적 남기기는 영역 내 접근을 금지하는 것이라기보다는 그 장소에 임자가 있다는 사실을 알리기 위한 것으로 보인다. 그리고 고양이는 흔적이 얼마나 새로운지에 따라 다른 고양이가 얼마나 오래 전에 이곳을 지나갔는지 정확히 알아보는 듯하다.

 공간, 무리 생활과 단독 생활

자유로운 고양이의 특성 때문에 고양이의 사회적 행동은 대단히 복잡하며 관찰하기도 어렵다. 그러나 자유로운 생활을 하는 성숙한 고양이가 다른 고양이들을 피하는 성향이 있다는 것은 확실하다. 고양이는 구할 수 있는 먹이의 양에 따라 다양한 넓이의 영역을 확보하고 혼자 살아가는 동물이다. 게다가 수컷이 차지하는 영역은 암컷의 네 배에 달한다. 고양이는 이 개인적 공간 안에 같은 성의 고양이가 접근하는 것을 결코 허용하지 않지만, 번식기가 아닐 때라도 때때로 이성은 받아들인다.

고양이는 본능적으로 고독을 좋아하지만, 먹이가 풍부하다면(도시에서와 마찬가지로 시골에서도) 다른 고양이에 대한 태도가 달라진다. 그러므로 한 농장에서 다섯 마리에서 열 마리에 달하는 고양이가 별문제 없이 같이 어울려 살 수 있다. 이럴 때 고양이들은 하나의 군집(colonie)을 형성한다. 이들은 집 근처에 머무르며 먹이의 일부를 공급 받지만, 보다 넓은 공간에서 사냥을 하며 삶을 꾸려 나가기도 한다.

군집은 상호 용인을 기반으로 하는 일종의 규칙을 중심으로 형성된다. 사실, 먹이가 부족하지만 않다면(잡아먹을 동물과 사람이 주는 먹이가 풍부하다면) 고양이는 사이좋게 함께 살아간다. 이럴 때 개인 영역 표시는 그리 강하지 않으며, 많은 부분은 서로 겹쳐진다.

특정 지방에서는 농가를 중심으로 하여 고양이 밀도가 1제곱킬로미터당 50마리까지 늘어나는 경우도 생긴다. 이런 상황에서는 몇 마리의 고양이로 이루어진 집단 여러 개가 형성된다. 그러나 이들은 서로 피해 다닌다. 각 군집은 제 이웃 군집이 차지하는 공간을 침범하지 않으려 노력한다.

여러 마리의 암고양이와 거기 딸린 새끼들은 따로 규칙

을 세우지 않고도(고양이의 사회적 행동은 장소와 환경에 따라 복합적으로 나타나므로) 무리를 이루는 듯하다. 수고양이가 제 영역을 훨씬 더 엄격하게 확보하고 사수하는 것과는 대조적이다. 이들은 이따금 여러 무리 사이를 오가기도 한다. 이 집단들은 아무 문제없이 서로 만나 먹이를 먹고, 함께 잠을 자고, 서로 귀여워하며 핥아준다. 심지어 암고양이는 제가 낳지도 않은 새끼에게 젖을 먹이기도 한다. 때로는 여러 암컷이 아기고양이들을 집단 양육하기도 한다.

이처럼 먹이가 풍부하면 고양이는 집단생활도 받아들인다. 도시에서는 요즘 집 없는 고양이들의 군집이 크게 늘어나는 추세다. 한때 집고양이였으나 버림받은 이 고양이들은 (길고양이라 부르기도 한다) 완전한 자유를 되찾았다. 이들은 일단 길들여졌다가, 다시 야생 생활로 돌아간 길고양이에 해당한다. 이들은 대개 공원, 묘지, 항구, 조선소, 빈터, 건물 철

거 현장, 병원, 폐쇄된 공장 등 곳곳에 모인다.

길고양이와 시골 고양이의 근본적인 차이는, 도시의 길고양이는 더 이상 집과 고정적 관계를 유지하지 않는다는 것이다. 하지만 길고양이는 약간의 보살핌을 받을 수 있다면 사람들과도 관계를 맺는다. 도시의 일부 지역에서는 길고양이 밀도가 1제곱킬로미터당 15마리 이상으로 치솟기도 한다.

집 없는 고양이들을 향한 이런 연대 의식이 최근에 생겨난 것은 아니다. 예를 들어, 13세기 이집트의 어느 술탄은 카이로의 고양이들을 위해 정원 하나를 기증했다. 게다가 고양이 먹이를 위해 특별 연금을 지급하기도 했다. 19세기 이탈리아 피렌체의 어느 수녀원에서는 길고양이들을 보살피고 먹을거리를 주었다.

아파트에 사는 애완고양이에게는 당연히 사회적 행동을 마음껏 발산할 만한 공간이 부족하다. 그럼에도 불구하고 영역 확보의 본능은 남아 있다. 아주 적은 수준이라도 말이다. 사실, 아파트에 사는 고양이는 종종 자기가 좋아하는 쿠션이나 소파에서 제일 좋아하는 자리를 열렬히 사수하려 든다. 영역 관념이 아주 단순한 표현으로 축소된 것이다.

반면, 집에서 여러 마리의 고양이를 기른다면 무리 안에 확실한 서열이 존재하는 것을 쉽게 관찰할 수 있다. 이는 특히 음식을 앞두고 분명하게 나타난다. 주도권을 지닌 고양이는 언제나 밥그릇 앞에 버티고 선다. 심지어 녀석이 첫 번째 그릇을 독차지하고, 다른 고양이들은 두 번째 그릇을 같이 나눠 먹기도 한다.

한편, 아파트에 여럿이 살던 고양이 중 한 마리가 오랫동안 집을 떠나 있으면(동물병원에 입원했거나 이웃집에 잠시 맡긴 경우 등) 군집의 나머지 고양이 내에는 큰 변화가 일어난다. 심지어 다시 돌아온 고양이는 공격을 받거나 원래 집단에서 배척당할 수도 있다.

# 고양이의 감각

무시무시한 포식자인 고양이에게는 고도로 발달한 감각 수용기관이 있다. 어느 하나 빼놓을 것 없이 완벽에 가까운 고양이의 감각은 언제나 예민하게 깨어 있으며, 특히 밤 사냥을 나갈 때면 그 진가를 발휘한다. 그러나 이 감각들은 위험을 피하기 위해서 발동되기도 한다.

　고양이는 사람이 쓰다듬어 주는 따뜻한 손길에 골골거릴 수 있지만, 고양이 몸에서 아주 민감한 부위인 배를 손으로 만지면 할퀼 수도 있다. 그리고 고양이를 키워본 사람은 누구나 고양이가 무한히 다양한 촉각에 반응을 보인다는 것

을 안다. 그만큼 고양이의 감각 수용기관이 발달해 있기 때문이다.

주둥이와 발바닥 말랑말랑한 부분처럼 털이 없는 몇몇 부위는 고양이의 촉각적 조사를 담당한다. 발톱 사이와 발 아래쪽에 돋은 예민한 털은 상황을 탐색하는 데 쓰인다. 그래서 우리는 고양이가 낯선 사물을 보면 발로 두드리고, 그 다음에는 밀어 보면서 형태와 크기, 질감을 파악하는 것을 볼 수 있다. 막연한 더듬기와 전문적 감정을 동시에 행하는 것 같다.

극도로 예민한 발바닥과 발털 이외에도 고양이에게는 말할 수 없이 강력한 도구가 있다. 바로 수염이다. 고양이의 수염은 주둥이 양쪽에 돋아 있으며 '감각모'라 불린다. 수염 뿌리 부분에는 아주 작은 움직임도 감지할 수 있는 수용기가 있다. 더 정확히 말하면, 이 수용기는 뇌에 메시지를 전달하고, 뇌는 감각모 움직임의 강도, 속도, 방향과 지속성을 분석한다. 이 분석을 통해 고양이는 제 자신이나 물체, 혹은 다른 동물의 움직임을 알 수 있다. 이 같은 수염은 다른 포유동물(육식동물과 설치류)에게도 많이 있다.

그러므로 감각모는 고양이가 밤중에 돌아다닐 때 길잡이 안테나 역할을 한다. 특히 달빛도 없는 깜깜한 밤이면 고양이는 지붕 용마루 위에서 타고난 곡예사의 재능을 발휘한다. 이런 상황에서 고양이는 눈보다 감각모에 더 의지한다.

 ## 미세한 떨림도 놓치지 않는 귀

이처럼 예민한 수염에는 먹이를 잡을 때 발동하는 또 하나의 중요한 기능이 있다. 고양이는 사냥감을 덮치기 직전에 감각모를 팽팽하게 뻗는다. 그리하여 감각모는 매번 고양이가 이빨로 의기양양하게 전리품을 물고 이동할 때마다 접촉하며 사냥감의 미세한 움직임을 분석한다.

감각모는 아기고양이가 어미 뱃속에 있을 때부터 발달한다. 심지어 다른 털이 미처 자라기 전부터 말이다. 갓 태어나 눈도 뜨지 않고 귀도 거의 들리지 않는 아기고양이도 수염만은 당장 쓸 수 있는 완벽한 상태다. 그러니 옛날에 가학적인 사람들이 고양이에게 필수적인 이 수염을 자르거나 태워 버렸던 일을 생각하면 얼마나 끔찍한가.

고양이의 귀 역시 놀라우리만큼 민감한 기관이다. 사실 고양이는 65,000헤르츠까지의 주파수를 감지한다(사람의 가청 주파수는 20,000헤르츠이다). 귀의 움직임에 관여하는 근육은 열두 개에 이르며, 고양이는 양쪽 귀를 따로 움직일 수 있다. 마치 아주 미세한 떨림까지 감지하며 공간을 스캔하는 레이더 같다.

아기고양이는 생후 약 3주가 지나야 완벽하게 귀를 움직일 수 있지만, 생후 17일이면 소리가 어디서 나는지 그 위치를 탐지할 수 있으며 대엿새만 지나면 소리 자극에 반응하기 시작한다.

고양이는 밤에 사냥할 때는 물론이고 낮에 놀 때도 탁월한 청각과 예민한 감각모를 조화롭게 결합시킨다. 하지만 뛰어난 후각 또한 빼놓을 수 없는 고양이의 무기 중 하나다(비록 개의 후각보다는 덜 발달했지만).

고양이는 인간의 두 배에 달하는 후각세포를 갖고 있다. 그래서 고양이는 우리가 인식하지 못하는 냄새도 맡을 수 있다. 낯선 곳에 가면, 고양이는 몸을 쭉 뻗고 코를 땅에 바짝 갖다 대며 앞으로 나아간다. 영역 표시 흔적의 자취를 찾으며 그 장소를 조사하는 것이다. 이런 식으로 고양이는 일주일도 더 전에 다른 고양이가 몸을 비비고 간 흔적이나 땅에 파묻은 배설물을 감지할 수 있다.

말을 비롯한 많은 포유동물처럼 고양이는 구강 입천장 위에 서골비 기관(야콥슨 기관, 또는 보습코 연골 기관이라고도 한다)을 지니고 있다. 사람에게는 없는 이 감각기관을 사용할 때, 고양이는 입을 반쯤 벌린다. 하품과 찡그림의 중간쯤 해당하는 특유의 포즈를 취한 채 고양이는 윗입술을 살짝 쳐들고 이빨을 드러낸다. 잘 모르는 사람의 눈에는 이 표정이 흔히 상대를 위협하는 행동으로 보일 수도 있다. 이때 냄새는 혀의 미세한 움직임에 따라 핥이듯이 야콥슨 기관 안으로 들

147 🐾

어오며, 거기서 코로 감지되는 냄새와는 다른 길을 따라 시상하부로 전달된다. 매우 효율적이고 정교한 후각 수용기 이외에도, 고양이에게는 아주 특화된 미각이 있다. 고양이의 미각은 특히 고기의 아미노산을 잘 감지하지만, 탄수화물에는 비교적 둔감하다.

고양이 혀뿌리 부분과 혀의 양쪽, 그리고 혀끝에는(목구멍 일부도 해당된다) 약 250개의 버섯 모양 유두가 분포한다. 그리고 각 유두에는 4천 개의 미뢰가 있다. 최근 실험 결과, 고양이는 신맛과 쓴맛은 분간하지만, 설탕과 소금은 구분하지 못한다고 한다.

 놀라운 해부학적 특성

고양이의 눈은 사람을 안심시키기보다는 불안을 일으킨다. 그러나 이 눈은 또한 매혹적이기도 하다. 고대의 많은 문명이 고양이의 눈을 저승을 수호하는 별에 비유했다. 완벽한 동그라미였다가 좁다란 틈새가 되기도 하는 변화무쌍한 고

양이의 눈 속에 삶의 과정이나 달의 차고 기욺이 깃들어 있다고 여기는 이들도 있었다.

과학의 발달로 고양이의 특출한 시각에 담긴 미스터리는 다소 벗겨졌다. 고양이의 시각 범위가 상당히 넓으며 아주 작은 움직임도 예민하게 지각하는 것은 사실이다. 게다가 고양이는 입체감을 완벽하게 인식한다. 반면, 고양이는 세부적인 윤곽(고양이 눈에는 흐릿하게 보인다)과 색채를 분간하는 데는 서투르다. 연구에 따르면 고양이는 초록색, 파란색, 노란색은 구분하는 반면, 빨간색은 전혀 알아보지 못한다고 한다.

그럼에도 고양이가 지닌 믿을 수 없이 뛰어난 능력은 바로 야간 시력이다. 이는 고양이가 완전한 어둠 속에서도 잘 볼 수 있다는 뜻은 아니다. 사실 고양이는 사람에게 필요한 빛의 6분의 1만 있어도 밤중에 사물의 형태를 지각할 수 있는데, 이는 고양이의 동공은 눈 표면의 약 90퍼센트까지 확장할 수 있기 때문이다. 이 능력은 특수한 감각모와 발달된 후각과 결합하여 고양이가 밤에도 잘 볼 수 있게 해 주며, 뛰어난 밤 사냥꾼으로서 활동하게 해준다. 반대로 여름 한낮의 강렬한 태양빛이 비치면 고양이의 동공은 일자로 가늘어져 지나치게 강한 빛을 통과시킨다.

밤에는 물론 낮에도 고양이는 제 균형감각을 날카롭게 유지할 줄 안다. 고양이가 교묘한 솜씨로 배수통 가장자리, 지붕 용마루, 발코니 난간처럼 좁은 곳을 걷는 모습은 누구나 본 적이 있을 것이다. 또한 고양이는 제 앞에 버티고 선 장애물을 물 흐르듯 유연하게 넘어갈 줄도 안다. 장난삼아 혹은 적에게서 달아나거나 사냥감을 추적하기 위해 고양이는 제 키(뒷발로 섰을 때의 키)의 다섯 배나 되는 높이를 뛰어넘을 수 있다.

이 모든 특성은 유연한 움직임을 가능하게 하는 탄력 있는 척추 덕분이다. 게다가 목뼈 구조상 머리를 자유롭게 움직일 수 있다. 고양이가 그 유명한 '뒤집기'를 할 수 있는 것은 이러한 해부학적 특성에서 기인한다.

뒤집기는 고양이가 높은 곳에서 떨어질 때 일어난다. 특별히 발달한 소뇌는 착지에 필요한 모든 정보를 즉각 포착하고 조직한다. 덕분에 고양이는 마치 마법처럼 아무 어려움 없이 무사히 땅에 내려설 수 있다. 고양이는 머리를 쳐들고, 우선 상체를 돌리며 앞발을 주둥이 양쪽에 가져다 대고, 등 근육을 수축시켜 유연하게 엉덩이를 회전시킨다. 그리고 몸은 일자로 뻗고, 어깨 힘을 빼고, 앞다리를 쭉 뻗은 채 땅에 떨어질 때의 충격을 흡수한다. 아기고양이도 태어난 지 5

주만 지나면 이 반사적인 뒤집기를 할 줄 안다.

하지만 주의할 것이 있다. 다 큰 고양이라도 건물 5층이 넘는 지나치게 높은 곳에서 떨어지면 죽을 수 있다. 지상에 충돌할 때의 충격은 고양이가 네 발로 버티기에도 치명적으로 클 수 있기 때문이다. 마찬가지로, 고양이가 해부학적 구조상 아무리 유연하다 해도, 그보다 낮은 높이에서 떨어져 근육에 심한 후유증이 남거나 골절 등의 부상을 입는 일도 가능하다.

한편, 고양이는 높이 솟은 나무에 기어오르는 것을 좋아하고 쉽게 올라간다. 하지만 다시 내려오려면 호된 고역이 기다린다. 고양이는 구조의 손이 다가와 단단한 땅바닥 위로 내려 줄 때까지 가만히 기다려야 한다.

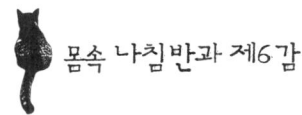

## 몸속 나침반과 제6감

과학적인 견지에서 고양이에게 길 찾는 능력이 있다는 것은 더 이상 의심의 여지없이 확실하다. 고양이는 자기 집에서

15킬로미터 떨어진 곳에 놓여도 쉽게 집에 찾아가는데, 이는 예민한 청각과 후각 덕분이다. 많은 연구자들이 고양이가 지구 자기장의 변화를 감지한다는 사실을 증명했다(예를 들어, 목걸이에 자석을 달아 놓으면 고양이의 '방향 감각'에 혼란이 온다). 일종의 몸속 나침반과도 같은 이런 제6감은 온갖 과장된 헛소문을 낳았으며, 얼토당토않은 궤변과 일화를 남겼다. 진실임이 증명된 몇 가지 사실들이 미스터리, 환상과 유머와 뒤섞여서 말이다.

그렇기는 하지만 먼 곳에서 길을 찾아오는 고양이에 관한 이야기 중 많은 사례에서 고양이의 정체가 완벽하게 확인되었다. 다시 말해 그런 이야기가 속임수가 아니며, 비슷하게 생긴 다른 고양이를 잘못 본 것도 아니라는 말이 된다. 이런 일화 중 가장 전형적인 사례는 이사할 때 새집으로 데려간 고양이가 옛집 문간에서 발견된다는 것이다.

어느 호랑이 무늬 고양이는 800킬로미터의 여정을 거쳐 옛집으로 돌아갔다. 이 고양이의 주인 부부는 스코틀랜드로 이사했는데, 녀석은 3주에 걸쳐 전에 살던 집을 찾아간 것이다. 무려 영국 남서부의 콘월까지 말이다. 러시아에서는 고양이가 옛집을 찾아 600킬로미터를 이동한 경우도 있다.

날카로운 방향 감각 이외에도, 고양이는 지진이나 화산

폭발이 임박했음을 감지하는 능력이 있다. 캘리포니아에서 이에 대한 연구가 이루어진 바 있다. 예를 들어, 1976년 이탈리아 프리울리에서 지진이 발생했을 때 마을의 모든 고양이가 집을 떠났는데, 이는 실제 지진이 일어나기 이틀 전이었다. 암고양이들은 새끼를 주변 지역으로 옮기기까지 했다. 그리고 1944년 베수비오 화산이 분출했을 때 주인 부부를 구한 고양이 이야기도 유명하다. 한밤중에 고양이는 극단적인 흥분 상태에 빠져 침대에 뛰어오르고, 미친 듯이 집안 이곳저곳을 뛰어다니며 심지어 주인을 할퀴기까지 했다. 이런 행동에 주인인 지아니와 이르마 부부는 겁을 먹고 황급히 짐을 챙겨 집을 떠났다. 얼마 지나지 않아 화산 분화구에서 용암이 흘러나오기 시작했다. 곧 용암은 지아니와 이르마의 집은 물론 마을 전체를 집어 삼켰다.

이런 여러 가지 사례에서, 우리는 고양이의 예민한 귀가 인간에게는 들리지 않는 주파수의 소리(땅이 울리고, 갈라지고, 끓어오르는 소리)를 감지했을 거라 생각할 수 있다. 고양이는 그 소리를 듣고 겁에 질린 것이다. 마찬가지로, 제2차 세계대전 때 많은 고양이가 곧 엄청난 폭격이 있을 것임을 예측했다. 따라서 흥분 상태에 빠지는 고양이가 있는가 하면, 어떤 녀석들은 밖으로 달아나고, 심지어 곧바로 방공호로 몸을 피하는 고양이들도 있었다(습관적인 행동이기도 하지만, 방공호에 숨으면 커다란 소리가 덜 들렸기 때문이다). 프랑스와 영국에서는 고양이가 이런 움직임을 통해 사람들에게 적군 비행기가 다가옴을 알렸다는 사례가 입증되기도 했다.

 ## 관찰을 통한 학습

흔히 생각하는 바와 달리 고양이는 학습 능력이 있다. 물론 고양이의 학습 능력은 개보다 폭넓지 못하며 주로 어릴 때 발달한다. 19세기부터 행해진 실험을 통해 고양이가 특히 동료 고양이들을 관찰해서 학습한다는 사실이 밝혀졌다. 특히 친어미 고양이가 스승 역할을 할 때면, 그 결과는 실로 놀랍다.

　보다 최근 연구에서는 집고양이가 올바른 길을 표시하는 형태나 색채를 길잡이 삼아 미로에서 길을 찾을 수 있다는 점이 증명되었다. 다시 말해, 먹이가 있는 곳으로 가는 길을 찾을 때다. 같은 맥락에서, 고양이는 여러 버튼 중 올바른

버튼을 선택해 보상으로 먹이를 나오게 하는 법을 배울 줄
안다. 반면, 고양이는 훈련이라는 개념은 언제나 거부한다.
고양이의 뇌가 학습을 수용하는 것은 단지 생애 첫 몇 년 동
안만이다. 그렇기 때문에 고양이는 새로운 상황을 이용하는
것을 꽤 어려워한다.

여하튼, 19세기에 카펠리라는 이탈리아인은 고양이 극
단을 창설하는 데 성공했다. 카펠리는 고양이들에게 북 치기,
커피콩 갈기, 줄 잡아당기기(고양이들은 이를 이용해 종을 울리
거나 무대에 설치된 우물에서 물을 길었다) 등을 가르쳤다.

그보다 얼마 후에는 조지 테초우라는 영국인이 진짜 고
양이 서커스 공연을 무대에 올렸다. 몇 가지 묘기는 대형 맹
수를 이용한 공연에서 차용한 것이었지만(불타오르는 원형 틀
사이로 점프하거나 차례차례 의자를 뛰어넘는 등) 그는 고양이들
이 수직으로 선 유리병 위에서 균형을 잡는 진풍경을 선보였
다. 고양이 단원 몇몇은 공중제비를 돌기도 했다. 테초우는
자신이 거느린 최고의 단원들이 단지 떠돌이 고양이에 불과
했으며, 한 마리를 훈련시키는 데 3년이 걸렸다고 설명했다.
교육은 고양이가 한 살 때부터 시작되었다.

마지막으로 고양이는 관찰하고 흉내 낼 줄 안다. 특히
집 안에서 그렇다. 예를 들어 개와 사이좋게 지내는 고양이

155

는 먹이를 얻어내기 위해 개와 똑같은 행동을 한다(식탁 곁에 알짱거리며 애원하는 행동 등인데 본능대로라면 고양이는 절대 이런 짓을 하지 않는다). 또한 고양이가 그저 보기만 했을 뿐 훈련은 전혀 받지 않았는데도 창문을 열기 위해서는 걸쇠를 밀면 된다는 것을 '배워서' 밖으로 나간다는 등의 이야기는 흔히 들을 수 있다. 심지어 어떤 녀석들은 무거운 벽장문을 여는 법을 재빨리 배우고, 그 안에 숨어들어 가 이불이나 속옷 위에서 잠을 청하기도 한다.

# 활동적인 잠꾸러기

고양이가 잠을 많이 잔다는 것을 증명하기 위해서 굳이 복잡하고 시간도 오래 걸리는 연구는 할 필요는 없다. 평균적으로 고양이의 수면시간은 다른 포유류의 두 배 정도로 길다. 즉 고양이는 대개 하루 16시간까지 잘 수 있다. 물론 연속해서 그만큼 자는 것은 아니다. 그렇다면 고양이는 늘 피곤한 걸까 아니면 좀 게으른 걸까? 진실은 그보다 훨씬 복잡하다.

　고양이는 새벽과 황혼녘에 보다 활동적이며(둘 모두 사냥하기에 이상적이다), 보통 정오까지 푹 자는 습관이 있다. 이때가 고양이에게 최고의 시간인 것 같다. 하지만 한밤중도 고양이에게는 꽤 편안한 시간이다. 그러니 고양이가 밤중 내내 사냥에 전념한다고 생각해서는 안 된다.

다른 동물들과 마찬가지로 고양이의 생물학적 시계 역시 24시간을 주기로 작동한다. 과학자들은 이를 '서캐디안 리듬'이라 부른다. 한편, 연구자들은 고양이의 수면이 멜라토닌이라는 화학 물질의 영향에 의해 촉발된다는 사실을 밝혔다. 그리고 서캐디안 리듬의 근본이 되는 유전자는 멜라토닌 분비를 조절하여, 고양이를 긴 잠에 빠뜨린다. 이 메커니즘은 우리가 고양이에게서 느끼는 기묘한 인상을 설명해 준다. 사실 고양이는 멜라토닌이 수면을 촉발하기 때문에 명령에 따르듯이 잠자는 것이다. 또한 아기고양이의 성장 호르몬은 잠자는 동안에만 분비된다. 따라서 생후 몇 달간 아기고양이는 반드시 많이 자야 한다. 하지만 다 큰 고양이의 경우, 반드시 필요한 것처럼 보이는 이런 긴 수면 시간은 여전히 해명되지 않았다.

고양이는 매일 수면 시간을 다양하게 나눠 여러 차례 잔다. 실험에 의해 매번 잠이 어떤 단계를 차례대로 거치게 되는지 밝혀졌다. 우선 고양이는 선잠이 드는데, 이때 근육은 여전히 수축 상태다(특히 목 근육이 그렇다). 십 분쯤 지나면 고양이는 역설수면(렘수면이라고도 한다–역주)에 접어든다.

이는 매우 깊은 잠이며 모든 근육이 완전히 이완되지만, 강렬한 뇌파 활동이 일어나는 것이 특징이다(뇌파는 실험실에서 전극으로 측정한다). 역설수면 동안 고양이는 발, 꼬리, 귀, 수염을 경련하듯 움직일 수 있다. 마치 신체 말단에 해당하는 그런 부분이 갑작스레 일종의 전기 임펄스의 자극을 받아 통제할 수 없는 떨림이 일어나는 것 같다.

일반적으로 고양이의 역설수면은 6분 정도 지속된다. 그 다음은 서파수면(뇌파의 속도가 느려지는 수면, 가장 깊은 잠에 해당-역주) 단계로 30분가량 지속된다. 그 후 다시 역설수면이 찾아온다. 그리고 이는 고양이가 잠자는 동안 내내 교대로 반복된다.

그러나 엄청난 잠꾸러기라고 해서 고양이의 활동성이 떨어지는 것은 아니다. 하루 16시간의 수면을 통해 고양이는 제 몸을 완벽한 상태로 유지하고, 좋아하는 활동에 몰두할 수 있는 힘을 얻는다.

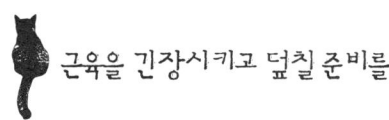

## 근육을 긴장시키고 덮칠 준비를

고양잇과 동물들은 포유동물 중 가장 강력한 포식자에 속한다. 그 점에서 고양이는 제 사촌인 대형 맹수들에게 조금도 뒤떨어지지 않는다. 예를 들어 집 안에서 살다가 자유를 되찾은 고양이는 타고난 사냥꾼답게 그간 줄곧 억눌렀던 사냥 감각을 금세 되찾는다. 본능의 가르침 덕분에 고양이는 곧 살아가기 위해 필요한 먹잇감을 잡게 된다.

농장이나 주택에 사는 고양이는 어느 정도 자유를 누리며 사냥의 충동도 해소한다. 이는 집에서 먹을 것을 충분히 얻을 수 있어도 마찬가지이다.

어린 고양이가 어미를 따라 사냥에 나서는 경우를 제외하면, 일반적으로 고양이는 혼자 사냥한다. 사냥 현장을 관찰해 보면 고양이가 제 모든 감각, 즉 후각, 청각, 시각을 날카롭게 세우고 있음을 알 수 있다. 일단 자기가 좋아하는 장소(예전에 사냥에 성공한 적 있는 곳)에 들어서면 고양이는 기회를 노린다.

가능한 목표물을 점찍으면, 고양이는 근육을 긴장시키고 부동의 자세로 적절한 순간을 기다린다. 이때 고양이의 자세는 눈에 보이지 않을 정도로 미세한 움직임을 겪는다.
이따금 배와 주둥이를 땅에 바싹 붙이고 상대를 향해 몇 걸
음 다가가기도 한다. 그 후 고양이는 매복을 계속한다. 근육
은 다시금 잔뜩 긴장하고, 엉덩이는 약간 쳐들고, 가슴은 땅
에 찰싹 붙이고, 시선은 고정되고, 귀는 움직이며 감각모는
앞쪽으로 뻗은 상태로 말이다. 갑자기 고양이는 유연하고 힘
있게 점프해 반원을 그리며 사냥감을 덮친다.

　보통 고양이는 잡은 쥐의 목을 물어 죽인다. 먹기 전에
먹잇감(살아 있든 다쳤든 이미 죽었든)을 갖고 노는 일도 있다.
어떤 고양이는 포획물을 자랑스럽게 집 현관으로 가져오는
데, 특히 거세된 고양이가 그렇다.

　고양이가 매복할 때 취하는 특징 자세는 놀이에 속할 수
도 있다. 사실, 많은 고양잇과 동물처럼 고양이는 여러 가지
색다른 행동에 몰두한다. 동물행동학자들은 이를 과학적인
용어로 '진공 활동'(콘라트 로렌츠가 1930년대에 처음 정립한 용

어로, 외부적인 자극 요인이 없음에도 유전적인 행동 패턴에 의해 촉발되는 동물의 고정행동을 가리킨다-역주)이라 칭한다.

진공 활동의 넓은 범위 내에서, 고양이는 이를테면 아무 것도 없는데 다가가서 붙잡는 척을 할 수 있다. 그것도 전속력으로 말이다. 우리는 또한 고양이가 파리나 나비를 뒤쫓는 현장을 목격하기도 한다. 하지만 고양이는 시작했을 때만큼이나 갑작스레 그 짓을 그만두고 만다. 그런가 하면 고양이는 상상의 사냥감을 추격하기라도 하는 듯 사방으로 마구 뛰어다닌다. 힘차고 위풍당당하게 점프해서는 고작 풀잎 한 오라기를 붙잡고 난폭하게 싸우기도 한다.

구경하는 이에게(그리고 당사자에게도) 아주 유쾌하고 재미있어 보이는 이런 특이한 행동은 성숙한 고양이에게서도 어린 고양이에게서 만큼이나 많이 보인다. 마치 어른이 되어도 여전히 어린아이의 영혼을 간직하고 있는 것 같다.

하지만 고양이가 진공 활동에 속하는 일에만 열중하는 것은 아니다. 우리는 모두 고양이가 '목적 없는' 행동이라 규정할 수 있는 방식으로도 잘 논다는 것을 안다. 하지만 개에 비하면 이런 능력은 훨씬 떨어진다.

 ## 발톱 세운 발과 벨벳 같은 발

예를 들어 고양이는 대단히 섬세하게 놀릴 수 있는 발톱으로 장난을 친다. 이 놀랄 만한 무기는 깊은 상처를 낼 수 있지만, 아무런 해도 끼치지 않는 일종의 바이스로 변신해 당신의 팔뚝을 꼭 붙잡을 수도 있다. 작은 찰과상 하나, 흔적 하나도 남기지 않는다. 마음만 먹으면 당신을 찢어 놓을 수도 있는데 말이다. 고양이와 친하며 진정한 친구 관계를 맺고 있는 사람이라면 모두 수없이 겪어 본 상황이다.

아무리 둔한 사람이라도, 고양이가 특정 경우 상대방의 주의를 끌기라도 하려는 듯 정말로 할퀴지는 않으면서 발톱 끝으로 살며시 찌르는 방식을 관찰한 적 있을 것이다. 예를 들어 사람의 서투른 손이 고양이의 몸에서 가장 민감하고 예민하며 연약한 부분인 배를 지나치게 힘주어 오래 쓰다듬을 때 그렇다. 사실 고양이는 발톱을 통해 제 기질의 이중성을 경이롭게 표출한다. 달 같은 동시에 태양 같고, 잔인하면서도 상냥한 고양이의 행동은 '발톱을 전부 세우고자' 하는 결심을 통해, 아니면 반대로 '벨벳 같은 발'을 내밀겠다는 의향을 통해 나타난다(프랑스어로 '발톱을 전부 세운'[toutes griffes dehors]에는 '공격적으로'라는 비유적 의미가 있고, '벨벳 같은 발을 하다'[faire patte de velous]는 고양이가 발톱을 감춘다는 의미 외에 속내를 숨기고 아첨한다는 비유적 의미가 있다-역주).

　일반적으로 고양이가 발톱을 감춘 채 행하는 특징적인 행동이 있다. 일명 '꾹꾹이'라는 행동이다. 행복한 상태에 있어 그것을 표현하고 싶으면, 고양이는 앞발로 자기가 있는 장소(이불, 안락의자, 쿠션 등)를 천천히 꾹꾹 누른다. 흔히 골골거리기와 연관되는 이 사회적 행동은 아기고양이가 젖을 먹은 다음 어미고양이의 배를 부드럽게 꾹꾹 누를 때도 볼 수 있다.

마지막으로 중요한 행동은 고양이의 세수이다. 보는 이에 따라 무척 유별난 행동으로 보일 수 있지만, 사실 세수는 진공 활동과는 아무런 관련이 없다. 고양이가 세수하는 데 쏟아붓는 정성, 엄격함, 열의, 꼼꼼함은 세수가 진공 활동과는 반대로 실제적인 차원의 일이라는 점을 증명한다.

고양이는 깨어 있는 시간의 3분의 1을 몸단장에 바친다. 하루 수면 시간이 16시간 정도이므로, 깨어 있는 시간은 8시간이 남는 셈이다. 이 시간은 사냥하고, 놀고, 세수하는 시간이다. 결국 일상적인 몸단장에 드는 평균 시간은 하루에 2시간 30분 이상에 달한다.

그러나 착각해선 안 된다. 고양이의 세수는 예쁘게 보이기 위해서가 아니라 필요에 의한 것이다. 사실 이처럼 열심히 몸을 핥는 것은 기생충이나 피부에 달라붙은 털, 가려움 때문이다. 털갈이 철이나 심하게 더울 때는 몸단장에 바치는 시간이 더 늘어날 수 있다. 실제로 핥을 때 침이 증발하면서 고양이는 기분 좋은 시원함을 느낄 수 있다.

# 고양이에
# 대한
# 이야기들

# 찰스 1세의 검은 고양이

미신보다 더 끈질긴 것은 없다. 특히 그 미신이 다양한 해석을 지닐 때면 더욱 그렇다. 예를 들어 검은 고양이를 생각해보자.

많은 사람들이 검은 고양이는 불길한 영향을 끼친다고 여긴다. 이 '재수 없는 고양이'와 우연히 마주치면, 최악의 재앙을 예상해야 한다. 이 불운한 만남이 혹시 밤에 일어나기라도 하면, 검은 고양이의 불길한 힘은 한층 더 커진다. 검은 고양이는 아랍 문화에서 악한 정령과 체계적으로 동일시된다. 기독교에서는 이단 마법사의 화신이 되면서, 검은 고양이는 불신과 경멸, 나아가 설명할 수조차 없는 두려움이나 뿌리 깊은 증오를 불러일으켰다.

한편 중세 시골에서는 검은 고양이를 지옥의 하수인이라 여겼다. 그렇지 않으면 사탄 그 자체이거나, 악마 숭배 종파에서 도모하는 마법의 공범이거나, 난롯가의 그림자에서 교활하게 활동하는 악의 대사제 취급을 받았다. 기독교는 한창 교세를 확장할 때 검은 고양이를 희생양으로 삼기도 했다. 이런 상황에서 7세기에서 18세기까지 유럽 전역에서 고양이가 잔혹한 박해의 희생자가 되는 데 크게 공헌한 불리한 혐의에 반박하기란 어려운 일이다.

그러나 비슷한 상황에서 종종 그렇듯, 온 세상의 죄를 뒤집어쓴 불행한 검은 고양이를 잡는 데 온 관심이 집중되자 동시에 이와 반대로 동정의 감정이 일었다. 마치 이상한 현상이 일어나 느닷없이 악을 선으로, 추한 것을 아름다운 것으로, 지옥을 천국으로 뒤바꾸기라도 한 듯했다.

마찬가지로 민간전승에서 검은 고양이는 모든 마법으로부터 제 주인을 지켜줄 수 있는 동물로 여겨지기도 한다. 마법 지팡이를 한번 휘두르면 사탄의 마법사 고양이는 집의 수호천사, 가족의 보호자, 악한 기운을 막는 최후의 보루로 변한다. 많은 이들이 이 무해하고 가엾은 동물을 추적하고, 학대와 고문을 자행하고, 그것도 모자라 잔인하게 처형하기까지 한 반면에 자신이 기르는 검은 수고양이에 대한 애정을 자랑스럽게 과시한 이들도 있다. 그 이면에서는 흑옥(黑玉) 같은 털을 지닌 자기 고양이에게 초자연적인 보호의 힘이 있다고 철석같이 믿으며 말이다.

어떤 이들은 검은 고양이에게 정말로 미스터리한 힘이 있다는 것을 입증하려 애썼다. 그리하여 20세기 말까지도 이곳저곳에서 지배적이었던 확고한 반대 이유 중 하나가 사람들의 입을 타고 널리 퍼져나갔다. 그 지지자들이 내놓은 치밀한 논거에 의하면, 검은 고양이는 모든 부정적 영향력을 제 몸에 끌어들일 수 있는 존재였다. 가장 불길한 주술, 사악한 주문, 악독한 저주를 축적할 줄 안다는 것이었다.

이런 의미에서 검은 고양이는 수호자로서의 역할을 훌륭히 수행하게 되었다. 그러나 검은 털의 수고양이는 이런 임무를 그만두는 그 순간, 곧장 무시무시한 악행의 주체로 돌변할 수 있었다. 사실, 집의 수호자 역할을 하며 받은 부정적 영향을 몸에 짊어진 검은 고양이는 제가 마주치는 상대에게 그때까지 축적한 나쁜 기운을 쏘아 보내는 것이다. 모두의 고개를 끄덕이게 할 만한 그럴싸한 논리였다. 고양이의 털 안에 사탄이 숨어 있다고 보는 이와 반대로 악령을 쫓아

준다며 칭찬하는 이들 모두가 납득했다.

　이런 논쟁에 연루되었든 그렇지 않든, 많은 군주와 정치인이 고양이를 기르고 깊이 심취했다. 리슐리외(1585~1642), 루이 15세(1710~1774), 링컨(1804~1865), 루스벨트(1858~1919), 처칠(1874~1865) 등이 대표적이다. 교회가 앞장서서 고양이를 박해했다는 사실을 고려하면 이상한 일이긴 하지만, 레오 12세(1760~1829)와 비오 9세(1792~1878) 두 교황은 고양이에 대한 애정을 숨기지 않았다. 레오 12세의 수고양이 미체토는 바티칸에서 태어났다. 한편 비오 9세의 고양이는 종종 접견 중 교황의 무릎 위에서 잠을 잤다.

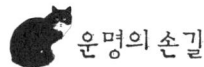 운명의 손길

잉글랜드와 스코틀랜드, 아일랜드의 왕 찰스 1세(1600~1649)는 위풍당당한 검은 고양이 한 마리를 구입했다. 당시 기록에 따르면 왕은 이 고양이에게 진심 어린 애정을 보였다고 한다. 왕실 측근들조차 고양이와 함께하는 것을 매우 즐거워

했다.

궁을 드나들던 젊은 귀족과 멋쟁이들은 앞다투어 고양이에게 찬사를 바쳤다. 그들의 말을 빌면 이 고양이는 잘생겼으며 총명하고 다정했다. 물론 이런 판단이 정확한 것이었는지 확인할 길은 없다. 자만심에 가득 찬 이 궁정 세상은 사실 고양이에게 별 관심이 없었고, 그저 왕의 비위를 맞추는 데 급급했으니 말이다.

어쨌든 찰스 1세 본인은 고양이를 진심으로 사랑했다. 심지어 경비병을 붙여 항상 이 검은 고양이를 지키도록 했을 정도였다. 한편, 그는 고양이가 권력의 파란만장한 변동으로부터 왕실을 지켜 줄 수 있도록 특별히 검은색을 선택한 것이라 단언했다. 찰스 1세는 운명의 호의적 손길을 가져다줄 만한 것이라면 아무리 사소한 일도 그냥 지나칠 수 없었던 것이 분명하다.

찰스 1세가 생각하기에 그 검은 고양이는 모든 악의로부터 자신을 지켜 줘야만 했다. 그의 걱정거리는 날로 늘어나고 심각해지기만 했기에 이 소망은 더욱 절실했다. 왕은 자신의 종교적이고 정치적인 절대주의가 불러온 곤경에 점점 더 깊이 빠져들었다. 의회의 비난에 부닥치자, 찰스 1세는 1629년에서 1640년까지 의회를 한 번도 소집하지 않았다. 결국 왕은 엄청난 인명을 앗아간 끔찍한 내전을 피해갈 수 없었다. 1642년부터 1646년까지 이어진 내전은 영국 전체를 뒤흔들었다.

내전에서는 '기사당'(왕당파)이 '원두당'(의회파, 머리를 짧게 깎았던 데서 유래한 별칭)와 맞서 싸웠다. 찰스 왕의 검은 고양이는 잘 버텼다. 그러나 의회파, 특히 올리버 크롬웰이 이끄는 군대가 네이즈비에서 왕실 군대를 격파했다(1645). 검은 고양이는 계속해서 이를 지켜보았다. 스코틀랜드로 피신했다가 의회의 손에 넘겨진 끝에 찰스 1세가 탈출에 성공하자(1647) 검은 고양이는 몹시 기뻐했다.

다음해, 찰스 1세의 검은 고양이는 병에 걸렸다. 온갖 보살핌도 소용없이 고양이는 세상을 떠나고 말았다. 며칠 후, 왕의 군대는 프레스턴(리버풀 북쪽)에서 의회의 군대에게 박살이 났다. 흑옥 같은 털을 지닌 고양이의 보호의 힘이 사라진 것이다. 찰스 1세는 런던으로 이송되어 재판에 회부되었다. 그리고 폭정을 저지른 죄로 화이트홀 공개처형장에서 단두대의 이슬로 사라졌다(1649).

# 하얀 장갑을 낀 고양이

붓다가 탄생하기(기원전 553년) 한참 전, 지금의 인도와 네팔 경계에 해당하는 지방에서는 많은 부족이 고유의 신을 섬겼다. 오늘날의 미얀마 도시 마케에서 그리 멀지 않은 곳에 있던 비밀 사원에서는 크메르라는 부족의 승려들이 춘-키안-체(tsun-kyan-kse)라는 여신을 경배했다.

당시, 즉 기원전 7세기에서 8세기 무렵에 장례 의식은 그 지방의 철학적이고 종교적인 가르침에 깊은 영향을 끼쳤다. 현재의 미얀마 중심부에 해당하는 이곳에서 춘-키안-체는 죽은 자의 영혼을 저세상으로 인도하는 일을 주관했다. 여신의 임무는 저승으로 가는 길을 돕는 것이었다.

여신은 신성한 아름다움을 지녔으며, 눈부시게 빛나는 황금빛 육체로 충실한 신도들 앞에 모습을 드러냈다. 부드러우면서도 균형미 어린 얼굴은 사파이어로 된 두 눈에서 우러나오는 순수함으로 빛났다. 사파이어는 하늘을 상징하는 대표적 보석이며, 그것을 바라보는 영혼은 천국에 대한 명상에 잠기게 되었다. 승려들은 기도 시간이면 그 푸른 바다 속으로 깊숙이 침잠했고, 보석의 푸른빛은 느릿하고 끊임없이 일렁이며 신비롭게 흔들려 언제나 끝없는 명상을 불러일으켰다.

마케의 승려 공동체는 완벽한 화합을 이루며 살았다. 승려들은 매일 대부분의 시간을 명상적 기도에 바쳤다. '키타(Kittahs)'라 불린 이 위대한 사제들을 방해하는 것은 아무것도 없었다. 춘-키안-체의 신도들이 유일하게 받아들인 동반자는 오직 고양이뿐이었다.

마케 지방에서는 누구나 키타들의 영적인 탐구를 지켜보는, 존경받아 마땅한 고양이들을 알아보았다. 그들은 새하얗고 비단결 같은 긴 털을 지닌 튼튼한 고양이였다. 이 고양이들에게는 독특한 점이 있었는데, 발과 귀와 주둥이와 꼬리가 까맣다는 것이었다. 의식과 영혼을 고양시키는 데 바쳐진 신성한 장소에서, 고양이의 사지 말단에 해당하는 부분이 가진 이 어둠의 검은색은 이승의 속물적인 삶과 접촉해서 생긴 불순함을 상징했다. 물론 주지스님인 문하(Mun-ha)라는 승려에게도 위엄 있는 고양이 동반자가 있었다. 고양이의 이름은 신(Sinh)이었으며 경내의 모든 고양이를 지배하는 우두머리였다.

승려들이 깊은 명상에 빠져 있던 어느 날, 산적 떼가 그 틈을 타 사원을 공격했다. 난폭한 급습을 받은 문하는 전투에 참여하지도 못한 채 쓰러지고 말았다.

춘-키안-체를 섬기는 모든 승려들은 이제 무시무시한 대학살이 일어날 거라 예상했다. 그런데 갑자기, 충실한 고양이 신이 사원 한가운데에 쓰러진 문하의 머리 위로 뛰어올랐다. 순간 신의 털은 강렬하게 비추는 눈부신 빛을 받아 금빛으로 빛났으며, 눈은 사파이어 빛을 띠었다. 네 발은 즉시 장갑을 낀 것처럼 티 없이 새하얗게 변했다. 마치 현명한 문하의 영혼에 의해 정화된 듯했다. 그러자 신은 당당하고 권위 있는 시선으로 산적 떼를 바라보았고, 이에 압도된 산적들은 앞다투어 달아났다. 다음날, 춘-키안-체 사원의 모든 고양이는 신과 똑같이 털이 금빛이고, 눈은 사파이어 같고, 발은 장갑을 낀 듯 새하얀 모습으로 변했다. 한편 신은 주인

**177**

이 사망한 바로 그 자리를 지키다 7일 후 결국 주인의 뒤를 따라가고 말았다.

그 이후, 미얀마의 사원에서는 고양이가 죽을 때마다 그 고양이는 죽은 승려의 영혼을 천국으로 데려간다고 여겼다. 약간 변형된 다른 전설에 의하면, 승려가 사망하면 그 후 영혼이 고양이의 모습으로 나타난다고 한다.

이것이 버만 고양이, 혹은 버마의 성스러운 고양이(원산지가 동일한 '버미즈 고양이'와 혼동하지 않기 위한 별칭으로 버마는 미얀마의 옛 이름)에 얽힌 전설이다. 상냥하고, 차분하고, 사교성과 붙임성이 좋은 이 고양이는 길고 비단결 같은 털을 지녔다. 버만 고양이 가운데는 털이 금빛 도는 베이지색에 가까운 짙은 노란색인 변종이 있으며, 이들은 다리에 특징적인 흔적이 뚜렷하다. 그러나 버만 고양이의 가장 큰 특징은 무엇보다도 투명한 사파이어처럼 새파랗고, 동그란 두 눈이다. 그리고 버만 고양이의 네 발은 장갑을 낀 듯 새하얀 털로 덮여 있다. 장화라고도 불리는 이 하얀 부분은 앞다리에서는 발가락 관절 아래까지이고, 뒷다리에서는 발뒤꿈치까지 올라간다.

오늘날 그 아름다움과 다정한 성격 때문에 큰 사랑을 받고 있는 버만 고양이는, 따지고 보면 승려 문하의 용감한 고양이 신의 후손인 셈이다. 그러나 버만 고양이가 유럽에 등장한 것은 20세기 초의 일로 그리 오래 되지 않았다. 일화에 따르면 인도차이나와 라오스에서 활동한 외교관이자 탐험가인 오귀스트 파비(1847~1925)가 1910년 프랑스에 처음으로 버만 고양이를 데려왔다고 한다. 버마 승려들에게 받은 시타라는 이름의 임신한 암고양이였다. 버만 고양이는 1925년에야 프랑스에서 하나의 품종으로 인정받았고, 영국과 미국에서는 1960년대 말에야 인정받았다.

# 의무를 다하는 고양이들

고양이를 영웅이라는 개념과 결부하려는 생각은 좀 이상하게 여겨질 수 있다. 특히 고양이를 잘 모르는 사람들이 보기에는 더욱 그렇다. 고양이를 좋아하는 이들이라 해도 별반 다르지 않다. 사실 고양이는 자신이 느끼는 감정을 거의 밖으로 표출하지 않는다. 게다가 전설 속에서 고양이는 독립적이고, 나아가 이기적이며 나태한 동물로 많이 그려진다. 첫눈에 보아도 고양이가 호평을 받는 데 별 도움이 되지 못할 성격적 특성들이다. 하지만 천만의 말씀이다.

겉보기와 달리 고양이는 거짓된 고정관념 속에서처럼

인간에게 무관심한 동물이 아니다. 현실에서는 그와 반대로 고양이가 사회화된 환경 속에 동화될 줄 알며, 공동체의 이익을 위해 결코 무시할 수 없는 역할을 할 수 있다는 점을 증명하는 실화가 무궁무진하다.

먼 옛날부터, 고양이는 농업이 급격히 발달한 시기에 명성을 누려 왔다. 기원전 4000년, 나일 강 골짜기에서는 농사를 짓고 남는 농산물을 저장하게 되었는데, 이는 그 지역의 생태적 평형이 변화하는 결과를 가져왔다. 그리고 아프리카 야생고양이가 인간 곁에 다가와 조금씩 길들여지자 밭과 곡식 창고에서는 엄청난 설치류 떼가 몰살당했다.

당시 그 지역에서 맹위를 떨치던 수십만 마리의 쥐는 주민들에게 공포를 불러일으켰다. 놈들은 겉보기처럼 귀엽고 작은 생물이 아니었기 때문이다. 농지는 물론 인류가 최초로 세운 식량 창고를 습격하던 쥐들은 대단히 사나웠다. 해로운 병균도 많았다. 몇몇 종은 무게가 무려 10킬로그램이 넘었는데, 이는 아주 덩치 좋은 고양이 무게와 맞먹을 정도였다.

이 거침없고 탐욕스런 쥐들은 고양이의 무시무시한 사냥 본능을 자극했다. 그리고 엄청난 쥐 대군단과 맞서 싸우기 위해 고양이는 상당한 희생을 치러야 했다. 잘 알려져 있듯 쥐는 번식 능력 또한 대단했으니 말이다.

그럼에도 불구하고 최초의 길들여진 고양이들은 승리를 쟁취했으며, 창고에 저장된 작물을 지킴으로써 사람들에게 인정받게 되었다. 이는 고양이 덕분에 당시 그 지역에 득실거리며 심지어 사람 거주지까지 침입해 왔던 위험한 뱀으로부터 벗어날 수 있었기 때문이기도 했다. 이처럼 우리 집고양이의 조상은 진정한 영웅이었다. 물론 고양이가 명예를 걸고 의무를 완수한 것은 자발적 의지에 의해서가 아니라 본능에 의해서였다. 그럼에도 한 동물이 전투라 할 만한 싸움에서 최초로 인간의 편에 서서 온 힘을 다해 싸웠다는 것만은 변함없는 사실이며 이는 결코 과장이 아니다.

오늘날에도 고양이는 설치류의 천적 역할을 계속해 농촌의 생태적 균형을 유지하는 데 기여한다. 하지만 이제 많은 지역에서 덫이나 약품이 고양이를 대신하고 있다. 여전히 고양이의 사냥 솜씨에 의지하는 몇몇 곳만은 예외다. 스코틀랜드 크리프에 있는 글렌터렛 위스키 증류소가 그 증거다.

글렌터렛 위스키 증류소는 저장해 둔 귀중한 곡물에 눈독을 들이고 약탈을 일삼기까지 하는 쥐를 쫓기 위해 그야말로 갖은 노력을 다했다. 생쥐를 잡기 위한 현대적 설비를 갖추고 있음에도 위스키 원료용 곡물은 여전히 습격당했다. 그래서 증류소에서는 창고를 지키기 위해 고양이들의 도움을

빌었다. 이 무자비한 싸움에서, '타우저'라는 이름의 거북 등
껍질 무늬 암고양이는 28,900마리의 생쥐를 잡아 독보적인
성과를 올렸다(이는 기네스북에 오른 기록이다). 이는 하루 평
균으로 따지면 무려 3마리 이상에 해당한다. 타우저에게 이
는 사냥에 대한 열정을 마음껏 충족시킬 수 있는 기회이기도
했다. 타우저는 1987년 24살의 나이로 사망했는데, 이는 또
다른 세계기록이었다. 대개 보살핌을 받으며 자란 고양이도
15살을 넘기지는 못하는 게 일반적이기 때문이다. 고양이도
사람과 마찬가지로 부지런한 활동은 건강을 유지시켜 주는
듯하다.

# 양쯔 강의 영웅

지금껏 세계를 혼란에 빠뜨렸던 여러 차례의 전쟁에서 어떤 국가든 권력과 명예를 차지하는 것은 언제나 군사 관련자였다. 이따금 용감하거나 무모한 민간인도 이런 명예를 나눠 갖는다. 그러나 궁핍과 폭격, 다양한 적의 침입으로 고통을 겪는 여자나 어린아이들 같은 약자에게 명예는 결코 돌아가지 않았다. 전쟁은 정치인과 군인만의 일이며, 그렇기에 전쟁 중이나 전쟁이 끝난 뒤에도 눈에 띄는 것은 항상 군인들뿐이었다.

그러니 제2차 세계대전 초 몇몇 대담한 선구자가 동물

들이 조국에 바친 희생에 대해 보상해 주어야 한다는 제안을 했을 때 얼마나 놀라웠을까? 원래 이 계획은 영국에서 나왔다. 더 정확히 말하면 아픈 동물들을 위한 진료소(People's Dispensary for Sick Animals)를 설립한 마리아 디킨의 제안이었다. 그녀는 군사 활동의 일환으로 행해진 임무에서 공을 세운 용감한 동물 모두에게 디킨 메달을 수여하자고 제안했다.

마리아 디킨은 1917년 충실한 반려동물이 부상을 입었는데도 치료할 방도가 없는 사람들을 위해 진료소를 세웠다. 마리아 덕분에 빈곤한 사람들도 무료로 수의사의 진찰을 받을 수 있었다. 동물들은 치료를 받고 약도 먹을 수 있었다. 제2차 세계대전 내내 마리아 디킨의 진료소는 약 25만 마리의 동물을 치료했다. 대개 폭격으로 다친 동물들이었다.

전쟁 초기에 마리아 디킨은 연합군 마스코트 클럽(Allied Forces Mascot Club)이라는 다른 단체를 설립했다. 이 클럽은 동물 진료소에서 파생되어 나온 것이었고, 약 2천 마리의 동물이 공식적으로 군대에 채용되었다. 그리고 그 중 많은 동물이 디킨 메달을 수여받아 공로를 인정받았다. 통신용 비둘기 31마리, 개 18마리, 말 3마리 등이 있었고, 고양이도 한 마리 포함되었다. '사이먼'이라는 이름의 이 명예로운 고양이는 중국 양쯔 강에 포로로 잡혀 있던 배에서 거둔 업적으로 유명해졌다.

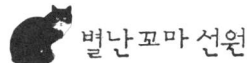 별난 꼬마 선원

사이먼은 1948년 봄 아메시스트 호에 승선했다. 홍콩으로 항해하던 중, 보급 임무를 담당하는 아메시스트 호 하사관은 배에 수고양이 한 마리를 태워야겠다고 결정했다. 길이가 백 미터가 넘는 이 거대한 군함은 쥐와 그 밖의 달갑잖은 해충이 들끓는 탓에 골치를 앓았기 때문이다. 마치 고대 이집트의 곡식 창고가 그랬던 것처럼 말이다.

그러나 아메시스트 호의 함장 버너드 스키너는 고작 18개월 된 신참내기 꼬마 고양이가 배에 들어오는 것을 그리 탐탁지 않게 바라보았다. 심지어 그는 고양이를 태우자는 결정에 대해 수많은 설명을 요구한 후에야 마지못해 그 제안을 수락했다. 하지만 두 손으로 고양이를 안아든 순간 스키너는 결국 녀석에게 매혹되었고, 기꺼이 선원으로 받아들였다.

며칠 후 고양이는 사이먼이라는 이름과 배의 이름이 섬세하게 새겨진 작은 이름표가 달린 근사한 가죽 목걸이를 걸고 배 여기저기를 돌아다니게 되었다. 승무원 전원이 공식적으로 사이먼을 받아들였음을 보여 주는 확실한 증거였다.

그 후 1년간, 쾌활한 성격의 사이먼은 평온한 생활을 누렸다. 배에서 사이먼이 탐험하지 않은 곳은 단 한 구석도 없었다. 까만 털을 지닌(주둥이와 목, 가슴팍만 하얗다) 사이먼이 장교 식당을 활보할 때면 마치 턱시도를 입은 것 같았다. 하지만 사냥꾼으로서의 임무를 수행할 때면 사이먼은 점잖은 태도를 벗고 열심히 일했다. 용감한 사이먼은 선원들과 사이좋게 지냈고 스키너 함장실에도 맘껏 들어갔다. 사이먼은 이렇게 편안한 함장실에서 휴식을 취했다.

1949년 4월, 아메시스트 호는 상하이 앞바다에 도달했고 양쯔 강을 거슬러 올라갔다. 다른 군함 콘소트 호와 교대하기 위해서였다. 콘소트 호와 마찬가지로 아메시스트 호의 임무는 매우 명확했는데, 바로 양쯔 강 상류인 난징에 있는 영국대사관을 보호하는 것이었다.

당시에는 중국 국민군이 양쯔 강 남안을 지배하고 있었다. 북안은 국민군보다 세력이 우세한 공산군의 손아귀에 있었다. 열세였음에도 국민군은 공산군에 항복하지 않고 버텼다. 협상으로 얻어진 휴전 기한은 4월 20일 자정까지였다. 이 날짜를 지나면 양쪽 진영 간 충돌은 불가피할 게 뻔했다. 그리고 영국인들은 즉시 대사관에서 철수해야만 했다.

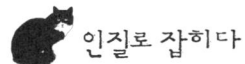 인질로 잡히다

아메시스트 호는 4월 19일 오후 닻을 올렸다. 4월 20일 새벽, 스키너 함장은 선원들에게 난징 쪽으로 가는 항로로 계속 나아가라고 명령했다. 밤에는 양쯔 강 통행이 금지되어 있음을 알면서도 내린 결정이었다. 이른 아침, 공산군은 항해 중인 아메시스트 호를 국민군 전함으로 착각하고, 이 영국 배에 포격을 하기 시작했다.

갑자기 포탄이 빗발처럼 선박에 쏟아졌다. 선원도 장교들도 미처 대비하지 못한 갑작스런 습격에 스키너 함장을 비롯해 많은 선원들이 목숨을 잃었다. 파편에 상처를 입고 꼬리는 불에 탄 사이먼은 간이침대 밑으로 겨우 몸을 숨겼다. 그리고 겨우 목숨만 붙은 상태로 두세 시간 동안 그곳에 숨어 있었다. 배에 탑승했던 의사가 우연히 사이먼을 발견했을 때, 녀석은 보기에도 딱한 상태였다. 하지만 사이먼은 강인했다. 정성 어린 치료를 받아 점차 활기를 되찾아 갔다.

경위야 어쨌든 이제 아메시스트 호는 양 진영의 대립 한가운데 갇히고 말았다. 처음에 전함은 기묘한 입장의 포로였고, 뒤에는 인질이 되었다. 공산군은 영국군의 새로운 함장 존 캐런스가 먼저 공격을 시작한 쪽은 자신들이라고 공식적으로 인정하지 않는 한, 포로로 잡힌 아메시스트 호를 돌려보내지 않겠다고 밝혔다.

그리하여 치열한 외교 싸움이 시작되었다. 영국군 최고위 간부들을 제외하면, 다들 정확히 무슨 일이 벌어지고 있는지도 알 수가 없었다. 아메시스트 호가 사라졌다고 믿는 사람들도 여기저기서 생겼다. 한편 불운한 운명에 처한 승무원들은 파손된 배를 간신히 강가에 정박시키고 승선한 채로 기다렸다.

느리게 하루하루가 흘러갔다. 곧 낙담의 분위기가 배를 사로잡기 시작했다. 무엇보다도 부상자들의 상태가 점점 위급해지고 있었다. 또한 식량 배급을 줄여야 할 상황이 닥쳐왔다. 천만 다행히도 사이먼은 최선을 다해 비축된 식량을 지켜냈다.

다른 모든 배와 마찬가지로 아메시스트 호의 고양이 사이먼 역시 항해가 순조로울 때도 한가하지 않았다. 그러니 이런 위급 상황에서는 오죽했을까? 부상으로 아직 쇠약하고 회복기에 있는 고양이 한 마리가 우글거리는 쥐떼를 전부 상대해야만 했다. 마침 강가에 살던 쥐들까지 잔뜩 배로 몰려와 제 집인 양 눌러앉은 상태였다.

사이먼은 의연하게 대처했고 조금씩 원기를 되찾았다. 5월 초 어느 날, 사이먼은 엄청나게 큰 쥐를 잡는 데 성공했다. 제 몸집보다 더 크고 몸무게도 훨씬 더 나가는 괴물 같은 쥐였다. 이 장면을 목격한 한 선원이 쥐를 들고 자랑스럽게 사이먼의 뒤를 따라왔다. 승무원들은 하나같이 사이먼에게 박수갈채를 보냈다. 그리고 이 커다란 쥐에게 마오쩌둥이라는 이름을 붙이고 욕을 퍼부었다. 이 사건으로 아메시스트 호 선원들은 사이먼에게 존경심을 품기 시작했고, 삶의 열정이 살아났다.

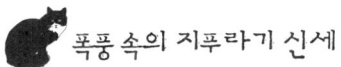 ## 폭풍 속의 지푸라기 신세

사이먼은 헌신적으로 제 몫을 해냈다. 비축된 식량을 지켰을 뿐 아니라 선실에 모여 있는 부상자들을 정기적으로 찾아가 용기를 북돋아 주며 작은 수훈을 세우기도 했다.

부상자들 중에는 마크 앨런이라는 이름의 어린 수습 선원이 있었다. 16세의 어린 마크는 공산군의 공격으로 두 다리를 잃고 말았다. 그는 점점 우울증에 빠졌다. 먹지도 않고 말도 하지 않았다. 어느 날, 의사가 그에게 사이먼을 데려갔다. 그러자 마크는 아주 오랜만에 처음으로 미소를 지었다.

다음날, 사이먼은 마크에게 다가갔고, 마크의 배 위에 누웠다. 사이먼의 불탄 털을 쓰다듬으며 마크는 눈물을 흘리기 시작했다. 의사는 우유와 먹을거리를 좀 갖다 달라고 요청했다. 사이먼이 주위를 힐끔힐끔 보며 우유를 핥기 시작하자, 마크도 그제서야 밥을 먹기 시작했다.

그 후로 사이먼은 매일 잠깐씩 마크를 찾아 갔고, 마크는 서서히 삶에 대한 의지를 되찾았다. 적어도 고양이 사이먼이 깊은 절망에 빠진 마크가 조금씩 거기서 벗어날 수 있도록 도왔던 점은 분명하다.

그러는 동안 외교전은 한층 격화되었다. 그러나 정작 해결된 것은 아무것도 없었다. 7월 중순이 되자 상황은 그야말로 절망적으로 변했다. 기온은 더 올라가고, 식량 배급량은 평소의 반으로 줄여야 했으며, 매일 한 마리 이상의 쥐를 잡아도 쥐의 습격을 막는 일이 사이먼에게 점점 더 벅차졌다.

설상가상으로 이번에는 자연재해가 아메시스트 호를 뒤흔들었다. 7월 말 거센 태풍이 주변 지역을 휩쓸었던 것이다. 며칠 동안 억수 같은 비와 강한 돌풍이 배를 덮쳤다. 배는 가냘픈 지푸라기처럼 바람에 흔들렸지만, 이번에도 가까스로 배는 또 다시 역경에서 벗어났다.

승무원들은 다시 기운을 차리려고 애썼다. 그러나 공산군에게 심한 공격을 받고, 석 달 동안 허술한 위생 상태에서 겨우 버텨온 이들에게 이 폭풍이 가한 충격은 엄청났다. 사이먼은 동요하지 않고 계속해서 쥐를 잡고, 점점 더 약해져 가는 부상자들을 방문하고, 마크가 적은 양이지만 식사를 할 때면 항상 곁을 지켰다. 이제 사이먼은 더 이상 단순한 마스코트가 아니라 날이 갈수록 무엇과도 바꿀 수 없는 소중하고 유용한 존재가 되었다. 이 의무감 강한 고양이는 희망을 버리지 않으려고 애쓰는 것 같았다.

그러나 나쁜 소식은 늘어났다. 캐런스 함장은 이제 식량 배급량을 4분의 1로 줄여야 한다고 발표했다. 약품과 소독약은 떨어져 갔다. 발전기를 돌리느라 연료도 줄어들었다. 결국 캐런스 함장은 그대로는 배가 영영 양쯔 강에 포로로 묶일 것이라 여기기 시작했다.

그는 장교들을 소집했다. 연료가 거의 남지 않았다는 사실은 모두 잘 알고 있었다. 그러나 최근 측정해 본 바로는 방향을 돌려 천천히 강을 타고 상하이까지 남은 120해리(약 222킬로미터)를 갈 만큼은 겨우 될 듯했다. 캐런스 함장은 출발하겠다는 결정을 내렸다. 그는 배를 점검하고 닻을 올릴 준비를 하라고 명령했다.

1949년 7월 30일 밤, 낮게 깔린 두터운 구름으로 뒤덮인 하늘 아래 아메시스트 호는 조심스럽게 뱃머리를 상하이로 향했다. 이 대담한 작전은 그럴 만한 가치가 있었다. 이 시간 공산군은 다른 일에 정신이 팔려 있었다. 이번 포격은 4월 20일 아침 아메시스트 호를 덮쳤을 때와는 딴판이었고, 배는 마침내 이 그늘에서 벗어나는 데 성공했다. 8월 1일, 아메시스트 호는 연료 탱크가 완전히 텅 빈 채 상하이 앞바다에 있던 다른 영국 함대에 가까스로 합류했다.

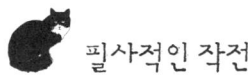

## 필사적인 작전

겨우 시련은 끝났다. 장교와 병사들은 안도의 숨을 내쉬고, 그간의 허기를 채울 수 있었다. 부상자들은 다른 함대 의료진의 도움으로 치료를 받았다. 그러나 캐런스 함장은 이 안도의 분위기 속에서 고양이 사이먼을 잊고 싶지 않았다.

그는 건강한 선원 모두를 갑판에 집합시켰다. 어떤 이들은 투덜거렸고, 어떤 이들은 그 이유에 대해 궁금해했다. 그러나 캐런스는 성공을 확신했다. 그는 침묵을 깨고서 유머를 섞어 가며 아메시스트 호의 고양이에게 경의를 표하는 연설을(그것도 바로 고양이 앞에서) 시작했다.

특히 캐런스는 용감한 사이먼이 괴물 같은 쥐 마오쩌둥을 잡았던 에피소드를 상기하며 기쁨을 표했다. 박수갈채가 일어났다. 환호는 더욱 커졌다. 캐런스가 사이먼에게 아메시스트 호 특별 훈장을 수여하겠다고 엄숙하게 발표했기 때문이다. 건강할 때는 물론 부상당했을 때조차 용감하고 헌신적으로 완벽하게 임무를 수행한 보상이었다. 자신의 결정에 부하들이 기뻐하는 모습을 보고 캐런스는 또한 사이먼을 디킨 메달 후보자로 추천하겠다고 덧붙였다.

곧 아메시스트 호가 자유를 되찾았다는 소식이 유럽에
닿았다. 많은 신문이 아메시스트 호가 겪은 모험을 상세히
보도했다. 어느 하나 중요하지 않은 것이 없었다. 중국 공산
군의 기습, 버너드 스키너와 여러 선원들의 죽음, 태풍, 견딜
수 없는 더위 속에서의 기다림, 식량과 약품 및 연료 부족, 상
하이를 향한 도주와 성공까지, 물론 사이먼이 보여 준 놀라
운 용기도 빠지지 않았다. 〈데일리 텔레그래프〉는 사이먼을
진정한 영웅이라고 치켜세웠다. 또한 '아픈 동물들을 위한 진
료소'와 그 부속인 '연합군 마스코트 클럽'에서도 신속한 답
신을 보냈다. 배가 아직 영국으로 돌아오는 중이었는데도,
이 단체에서는 만장일치로 사이먼에게 메달을 수여하겠다고
선언했다.

사이먼의 이야기에 엄청난 언론의 관심과 국민적 열광
이 집중된 나머지, 캐런스는 장교 한 명을 따로 정해 취재진
에게 대답을 하고 답장을 쓰는 임무를 맡겨야 할 정도였다.

아메시스트 호는 1949년 11월 1일 영국 항구도시 플리
머스에 닿았다. 지금도 그렇지만 당시에도 영국에 상륙하는
모든 동물은 검역을 받아야 했다. 이 법에는 어떤 예외도 없
었다. 군사작전의 영웅이라 해도 말이다. 런던 시장과 마리
아 디킨, 많은 유명 인사가 런던 북부에 있는 핵브리지(서리

195

주)로 사이먼을 만나러 갔다. 날마다 사이먼은 넘쳐나는 편지와 수많은 선물을 받았다. 그에게 감동적인 시를 바치는 이들도 있었다.

11월 28일, 직원 한 사람이 사이먼이 제 집 깊은 곳에 꼼짝하지 않고 틀어박혀 있는 것을 발견했다. 왕립수의사협회 소속의 수의사가 곧바로 달려왔고, 바이러스성 장염이라는 진단을 내렸다. 의사는 약을 처방하고 아픈 동물들을 위한 진료소의 책임자 중 하나인 조이스 폴락에게 상세한 지시를 내렸다. 그러나 발빠른 보살핌에도 불구하고 사이먼은 그날 저녁 죽고 말았다.

전 세계 언론이 아메시스트 호의 영웅인 사이먼의 사망을 슬퍼했고, 아픈 동물들을 위한 진료소에서는 일포드(에식스 주)에 있는 재단 묘지에서 장례식을 거행했다. 영국 국기로 덮인 사이먼의 관은 그곳에 매장되었다.

몇 달 후, 사이먼을 영원히 기억하기 위해 마리아 디킨의 재단은 항구의 동물 복지를 증진시키는 목적의 재단을 후원하기로 결정했다. 이 결정을 확인하기 위해 플리머스에는 공식 현판이 붙었다. 행사 도중 영국 해군 대장이 사이먼의 디킨 메달을 존 캐런스 함장에게 다시 걸어 주었다. 캐런스는 이 메달을 포츠머스의 해군박물관에 기증했다.

# 희망의 메신저, 슈슈

1914년 8월, 오스트리아와 세르비아의 분쟁은 유럽 전역의 대전쟁으로 변했다. 오스트리아-헝가리 제국의 왕위계승자 프란츠 페르디난트 대공과 그 아내가 사라예보(보스니아)에서 피살당한 사건은 모두 알 것이다. 한 달 후인 1914년 7월 28일, 오스트리아 정부는 세르비아에 선전포고를 했고, 치밀한 동맹 게임이 이어져 전쟁은 마치 화약고에 불을 붙인 듯 번져나갔다.

7월 30일, 세르비아의 동맹인 러시아의 마지막 황제 차르 니콜라이 2세가 러시아군을 동원했다. 이에 맞서 프로이

센의 왕이자 독일제국 황제인 빌헬름 2세가 오스트리아를 지지했고, 8월 1일 러시아에 선전포고를 했다. 같은 날, 러시아와 동맹이던 프랑스 정부도 총동원령을 내렸다.

오래 전부터 독일은 자국에 두 적수가 있다는 것을 알았다. 바로 동쪽의 적 러시아와 서쪽의 적 프랑스였다. 그러나 1905년부터 독일은 치밀한 전략을 세웠다. 단번에 대대적인 일격을 가해 신속하게 프랑스를 무너뜨리고, 즉시 전 병력을 러시아에 집중하는 것이었다. 그리하여 독일은 1914년 8월 3일 프랑스에 선전포고를 했다.

독일군은 10년 전부터 정교하게 구상해 온 계획에 따라 벨기에로 진격했다. 이는 벨기에의 중립을 침범하는 행위였다. 1831년 체결된 협약을 깨뜨리는 이 명백한 공격에 대응하여 8월 5일 영국도 참전했다.

이 연쇄적인 도발의 결과, 얼마나 끔찍한 일들이 벌어졌는지는 모두 잘 알 것이다. 독일군은 벨기에 리에주와 나뮈르로 밀려들어 갔다. 이는 프랑스군의 뒤통수를 치는 행보였다. 프랑스 총사령관은 주요 병력을 로렌에 집중시켜 두었던 것이다. 영국군의 지원이 있었음에도 8월 둘째 주는 보주에서 솜까지 이어지는 힘든 퇴각으로 끝났다.

1905년 구상한 작전 계획을 그대로 따르겠다고 단단히 결심한 독일군은 파리의 참호 진지를 대수롭지 않게 보았다. 독일군은 남서쪽으로 진격하여 서부전선에 집결한 사단을 궁지에 몰아넣고자 했다. 그 결과, 독일군 우익은 예기치 못한 파리 군대의 급습을 받았다. 독일군은 퇴각했고, 렝스와 수아송을 잃었으며, 프랑스군은 베르됭을 보루삼아 버텼다. 동시에 벨기에군이 프랑스-영국 연합군에 합류했다.

그때부터 양 진영은 각자의 입지를 유지하는 데 주력했다. 기동전이 참호전으로 바뀐 것이다(9월 9일). 양측 모두에서 군사들은 참호를 팠다. 보주에서 북해에 이르기까지 참호를 깊게 팠다. 보병들은 지하 생활자로 변했다. 전쟁은 교착 상태에 들어갔다. 몇몇 전술가들은 이 상태가 기껏해야 6개월 정도 지속될 거라고 예측했다(서부전선의 교착 상태는 1918년 미국이 참전하여 연합군의 우세가 명확해질 때까지 계속되었으며, 그 동안 연합군과 독일군 양측 모두 막대한 피해를 입었다-역주).

두 적진은 서로 마주보았다. 양쪽 군사들은 사격, 수류탄 파편, 지뢰, 화염방사기, 폭탄과 포탄을 피하기 위해 땅 속으로 몸을 숨겼다. 한 달 그리고 또 한 달이 지났고, 말로 다할 수 없는 공포와 참상이 이어졌다. 참을 수 없는 육체적, 정신적인 고통에 설상가상으로 악천후와 겨울 혹한까지 겹쳤다. 그래도 그들은 단결심을 잃지 않았다.

몇 백 킬로미터에 달하는 이 부동의 전선을 따라 군인들은 첫 번째 참호를 팠다. 이는 '총화의 열(ligne de feu)'이라 불렸는데, 적이 불시에 사격을 가하면 가장 먼저 공격을 받게 되는 열이었다. 그 뒤에는 방어 참호가 있었다. 거기서 좀더 멀리 물러난 곳에 주로 보급을 담당하는 다른 참호가 있었다. 마지막으로, 네 번째 참호는 때가 되면 전방의 전우들과 교체할 예비 병력을 수용하는 곳이었다. 양측의 이 복잡한 구조의 참호들 사이에는 포탄 구덩이로 황폐하고 철조망이 둘러쳐진 빈터가 있었다. 일종의 '노 맨스 랜드'로, 알지 못하는 수많은 덫으로 가득해 감히 무모한 자라도 차마 발을 들여놓지 못하는 곳이었다. 상대 진영에게 염탐당하고 있는 상황에서는 아무리 사소한 움직임도 잠재적 위험이 될 수 있기 때문이었다.

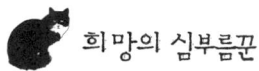 희망의 심부름꾼

1915년 중반, 기욤이라는 이름의 프랑스 군인이 전선 남부에 주둔하고 있었다. 낭시에서 그리 멀지 않은 곳이었다. 어느 날 기욤은 고향에서 가족들 소식을 전해 주는 반가운 편지를 받았다. 편지는 그들이 남겨 놓고 온 다른 세계를 보여 주는 유일한 창구였으며, 잊어버린 삶의 빛을 다시금 되살려 주었다. 게다가 군인들의 사기를 유지하는 데 없어서는 안 될 역할을 했다.

편지를 읽고 기욤은 사촌누이가 사내아이를 낳았음을 알게 되었다. 물론 그는 이 반가운 소식에 크게 기뻐했다. 곧 기욤의 동료들도 모두 이 소식을 함께 나누고 축하하며 서로에게 전했다. 상황이 상당히 독특하기 때문이기도 했다. 사실 기욤의 사촌누이는 독일 청년과 결혼했다. 그런데 그는 전쟁이 발발하기 직전 군대에 복귀해야만 했다. 운명의 장난인지, 그는 기욤과 같은 구역, 즉 낭시 반대편에 있었다.

당연히 그는 아내와의 연락을 완전히 차단당했고, 아내역시 시댁과 연락할 방도가 전혀 없었던 것이다. 프랑스인 아내에게서 아들을 얻었건만, 젊은 독일 병사는 그 사실을 전혀 알지 못한 채 사촌과의 싸움을 계속하고 있었던 것이다. 소총을 쏘면 맞을 가까운 거리를 사이에 두고, 참호에 몸을 숨긴 채로.

기나긴 몇 주가 지나 기욤은 새로운 편지를 받았다. 편지는 그가 걱정하던 바를 다시 확인시켜 주었다. 사촌 매형에게 아들이 태어났음을 알리고 싶은데, 도저히 연락이 닿지 않았던 것이다. 그때 기욤의 머릿속에 기발한 생각이 떠올랐다. 고양이를 이용하면 어떨까?

실제로 떠돌이 고양이 몇 마리가 참호에 머물고 있었다. 이들은 제 3열이나 제 4열에 진을 치는 것이 보통이었다. 보급 물품에 이끌려 쥐가 딸려왔기 때문이다. 이따금 호기심 많은 녀석들이 대담하게 최전선까지 왔다. 그래서 기욤과 동료들도 슈슈(귀염둥이라는 뜻)라는 이름의 고양이에게 정을 붙이고 귀여워하고 있었다. 슈슈는 다갈색 털의 화려한 호랑이 무늬 고양이로, 명랑한 성격이었다. 누가 슈슈라는 이름을 붙였는지는 아무도 몰랐다.

어쨌거나 이 용감한 슈슈는 인간과 멀찍이 떨어져 쥐를 잡는 데 만족하지 않았다. 슈슈는 참호 안으로 슬그머니 기어들어가길 좋아했고, 무엇보다 군인들과 함께 있기를 좋아했다. 위문 편지처럼 슈슈도 그들에게 잠깐이나마 일상적인 전쟁의 참상을 잊을 수 있게 해 주었다.

기욤은 친한 전우 두세 명과 함께 대담한 계략을 짰다. 그는 몇 마디 짧은 쪽지를 써서 눈에 안 띄게 슈슈의 목걸이에 걸기로 했다. 사촌 매형이 누구인지 알 수 있는 정보와 아들이 태어났다는 소식만을 몇 줄로 적은 것이었다. 이제 제일 어려운 부분이 남았다. 슈슈가 두 적진 사이에 놓인 위험한 노 맨스 랜드를 건너가도록 부추기는 일이었다. 슈슈는 매일 참호에 있는 사람들에게 음식을 얻으러 왔는데, 기욤은 이 먹이를 가능한 한 멀리까지 던져 볼 생각이었다.

아무것도 모른 채, 슈슈는 심부름꾼 임무에 나섰다. 기욤과 친구들은 슈슈가 멀리 던진 맛있는 먹이를 따라 가는 것을 슬그머니 바라보았다. 바로 독일군 진영을 향해 말이다. 슈슈는 과연 먹이를 먹었을까? 이것 역시 아무도 확실히 말할 수는 없다. 하지만 독일군 진영에서 고양이를 알아보았다는 것만은 확실하다. 예상치 못한 고양이의 출현에 그들은 재미있어 하며 먹을거리를 던져 주었다. 그리고 슈슈는 계속해서 그쪽으로 다가갔다.

갑자기 총성이 울려 퍼졌다. 기욤과 동료들은 소스라치게 놀랐다. 그러고 나서는 아무 일도 없었다. 오직 침묵뿐이었다. 어느 군인 한 명이 성급히 총을 쏜 것이었다. 전쟁터의

굉음에 익숙했던 슈슈는 머뭇거리지 않고 차분히 계속 나아 갔다. 잠시 후, 슈슈는 독일 군인들 손에 거두어져 먹이를 얻어먹었다.

그후 기욤과 전우들은 다시는 슈슈를 보지 못했다. 슈슈는 독일군 편에 남는 편을 더 좋아했던 것 같다. 기욤은 전쟁이 끝날 때까지 기다려서야 슈슈가 까다로운 임무를 제대로 완수했다는 것을 알 수 있었다. 그 메시지는 독일군 매형에게 확실히 전달되었기 때문이다. 그는 나중에 전쟁이 끝난 후 기욤과 아들을 만났을 때, 아들이 태어났다는 그 경이로운 소식 덕분에 어두운 순간들을 버텨낼 힘을 얻을 수 있었다고 털어놓았다. 또한 그 소식이 마음 속 깊은 희망의 원천이 되었다고 말했다.

# 세상에서
# 제일용감한고양이

양쯔 강의 영웅 사이먼처럼, 많은 고양이가 배에서 보여준 용맹함으로 유명해졌다. 전함뿐 아니라 평화로울 때의 민간 보트에서도 마찬가지였다. 그러나 그 외 집고양이들도 용기를 보여 주었다. 지금부터 하려는 이야기의 주인공인 회색과 금갈색 털의 줄무늬 길고양이 페이스(Faith)처럼 말이다.

우선 페이스가 어디 하나 빠지는 데 없이 근사한 고양이였다는 얘기부터 해야겠다. 위엄 있는 태도, 아래쪽은 넓고 삼각형으로 높이 솟은 귀, 숱 많은 긴 수염과 왼쪽은 어깨도 채 덮이지 않지만 오른쪽으로는 발까지 비스듬히 내려오는 하얀 얼룩이 있는 가슴. 1940년대 초 페이스는 떠돌이 고양이였지만, 집 안에서 귀여움을 받았던 흔적이 역력했다. 그러나 당시의 다른 고양이들처럼 페이스 역시 버림을 받았다. 전면적인 전쟁의 기운이 날로 강해지고 있었으므로 많은 이들이 제 안전과 이익을 먼저 생각하느라 개나 고양이를 불쌍히 여길 겨를이 없었다.

따라서 페이스는 완전한 들고양이가 아니라 '집 잃은 고양이'였다. 자유를 되찾은 이 고양이는 원래 성격답게 어느 정도 거리를 유지하면서도 사람 근처에 있는 것을 좋아했다. 페이스는 런던 와틀링 가의 세인트어거스틴 교회를 집으로 삼았다. 유명한 세인트폴 대성당에서 멀지 않은 곳이었다.

신자들이나 성직자에게서 질책을 듣게 될 거란 걱정에 교회 관리인은 며칠 동안 고양이를 쫓아 버리려 했다. 그러나 이 애교 많은 암고양이는 끈질기게 눌러앉았다. 고양이는 예배에 참석하고, 매번 같은 의자를 차지해 결국 다른 신자들은 고양이를 위해 그 자리를 비워 두었다.

페이스의 차분함과 상냥함, 우아함에 모두가 매혹된 듯했다. 게다가 세인트어거스틴 교회의 주임사제 헨리 로스 목사도 페이스에게 반하고 말았다. 그는 페이스를 거둬들여 직접 돌봐 주기로 했다. 그것도 아주 제대로! 목사는 교회 관리

인에게 이제 페이스를 쫓아내지 말라는 명을 내렸을 뿐 아니라, 자신이 거주하는 교회 옆 목사관에 살게 해 주었다. 그리고 페이스는 아무 어려움 없이 버드나무 바구니와 목사가 마련해 준 낡은 쿠션을 제 집으로 삼았다. 며칠 만에 페이스는 그곳을 장악했다. 조심스레, 하지만 확고하게.

교회 신도들은 굳이 페이스의 안부를 물을 필요도 없었다. 직접 보고 판단할 수 있었으니 말이다. 사실 페이스는 단 한 번도 예배에 빠지지 않았다. 그리고 변함없는 의식을 준수하며 본당 입구에서 충실한 신도들을 맞이했다.

여기서 페이스는 사람들에게 부드러운 야옹 소리로 인사했고, 조금 더 가서는 새로 온 이들의 다리에 몸을 비벼댔다. 그러다가 목사와 부제들이 예배를 드리려 나가면 위엄 있게 그 행렬을 따라 성가대석으로 가서, 제 지정석에 앉았다. 설교가 시작되면 페이스는 일어나서 제 자리를 떠나 천천히 헨리 로스 목사에게 갔다. 거기서 목사의 발치에 둥글게 웅크리고 앉았다. 자는 척하면서 한쪽 눈으로는 신도석에 앉은 이들 중 누가 조는지 감시하는 것 같았다.

암울한 시기가 다가오고 있던 만큼, 신도들이 기도를 올리기 위해 세인트어거스틴 교회를 찾아오는 것은 자연스러운 일이었지만, 많은 이들이 페이스를 보기 위해 교회를 더 자주 찾게 된다고 말했다.

그러나 1940년 봄이 저물어갈 무렵 페이스의 예배 출석률은 저조해졌다. 로스 목사의 훌륭한 설교에 관심을 잃어서가 아니라, 건강상 더 이상 평소 같은 품위를 유지하기 힘들었기 때문이다. 그리고 8월 초 페이스는 흑백의 사랑스런 아기고양이를 낳았다. 단 한 마리였다. 로스 목사와 신도들은 아기고양이에게 '판다'라는 이름을 지어주었다. 판다는 당시 런던 동물원에서 가장 인기 있는 명물이었다.

그 동안 유럽 대륙에서는 독일군이 공세를 취하고 있었다. 4월, 독일군은 노르웨이와 덴마크를 침공했다. 5월에는 벨기에와 네덜란드가 항복했다. 연합군은 덩케르크에서 철수했고, 영국의 새로운 수상 윈스턴 처칠은 국민들에게 '피와 수고와 눈물과 땀'을 바치겠다고 약속했다.

## 🐈 무서운 참화의 현장

프랑스는 무너지고 있었다. 6월 초, 영국군은 덩케르크에서 철수했고 보르도에 임시정부를 세웠으며 6월 14일 독일군은 콩코르드 광장을 건넜다. 샤를 드골은 런던으로 망명했고 폴 레이노가 물러나고 필리프 페탱이 수상 자리에 올랐다. 페탱 노(老)원수는 6월 22일 휴전 협정을 맺었다.

독일군이 프랑스를 점령하자 히틀러는 계속 나아가 영국을 침공하길 원했다. 8월부터 그는 군사 기지, 철도, 항구와 비행장을 파괴할 목적으로 대규모 공중 폭격을 개시했다. 그리고 9월 초 총통은 영국 도시들을 쓸어버리겠다고 약속했다. 그리하여 끔찍한 영국 본토 항공전이 시작되었다. 1940년 9월 7일부터 끊임없는 폭격이 런던을 덮쳤다.

그보다 며칠 전, 페이스는 판다의 목덜미를 단단히 문 채로스 목사의 안락한 집 3층을 떠났다. 대신 페이스는 지하실 한 켠에 자리를 잡았다. 목사는 이 갑작스런 행동을 이해할 수 없었다. 당황한 목사는 즉시 다시 고양이들을 집 안으로 옮겨 놓았다. 하지만 소용없는 일이었다. 사람과 고양이의 줄다리기는 하루 종일 세 번이나 되풀이되었다. 페이스와 판다는 지하실에 머물기로 마음을 굳힌 것 같았다. 결국 로스 목사는 포기하고 바구니와 쿠션을 지하실에 갖다 주었다.

1940년 9월 8일에서 9일에 이르는 밤, 포탄이 빗발처럼 영국에 쏟아졌다. 세인트폴 대성당은 폭격의 주요 표적이었다. 근처에 위치한 세인스터거스틴 교회와 목사관은 심각한 타격을 입었다. 교회는 심하게 부서져 불탔다. 부속 목사관은 완전히 파괴되었다. 주변 지역은 공포의 현장으로 변했다. 쌓인 파편, 비틀어진 금속 골조, 시커멓게 타 뼈대만 남은 건물, 깨진 지붕, 불타는 가옥들……

독일군 공습이 있던 당시에 웨스트민스터에 머물렀던 덕분에 로스 목사는 최악의 사태를 피할 수 있었다. 피해가 얼마나 심각한지 확인하기 위해 그가 현장에 도착했을 때에는 구조대가 이미 와 있었다. 물론 목사가 제일 먼저 걱정한 것은 페이스와 판다의 안위였다. 그는 소방관을 붙잡고 물었지만 고양이가 살아 있는 흔적은 눈에 띄지 않았다는 대답뿐이었다. 구조대는 목사라는 사람이 그런 상황에 고양이 안부나 묻고 있다는 데 실망한 것 같았다.

하지만 목사는 희망을 잃지 않았다. 그는 무너진 교회에 접근해도 좋다는 허락이 떨어질 때까지 기다렸다가 신도 두세 명의 도움을 받아 조심조심 잔해 속으로 들어가 페이스의

이름을 불렀다. 그는 무너진 건물 파편과 박살난 가구 조각
에 완전히 묻혀 버린 지하실 구석으로 다가갔다.

　목사는 돌 몇 개를 밀치고 철판들을 치웠다. 별안간 그
의 귀에 희미한 소리가 들렸다. 멀리서 들려오는 듯한 숨 막
히고 짓눌린 가냘픈 야옹 소리였다. 목사와 신도들은 서둘러
소리가 나는 쪽으로 향했다. 건물 잔해들을 그럭저럭 치우고
나자 형체를 알아볼 수 없게 부서진 찬장 아래 몸을 피하고
있던 페이스가 보였다. 페이스는 온몸으로 새끼를 지키고 있
었다. 훗날 목사는 유머와 감동을 섞어, 자기는 그 순간 페이
스의 눈에서 이런 말을 읽었다고 얘기했다. "왜 이렇게 오래
걸렸어요! 기다리고 있었어요."

　기적적으로 두 고양이는 무사했다. 그리고 새끼 판다가
어미의 품에서 벗어날 수 있게 되자 로스 목사는 판다를 반겨
줄 새로운 집을 구할 수 있었다. 페이스의 놀라운 모성애 이
야기가 멀리까지 퍼진 덕분이었다. 판다는 헤른힐에 있는 요
양원에 입양되어 따스한 온기로 환자들을 격려하게 되었다.

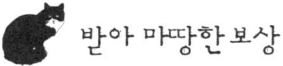 받아 마땅한 보상

그러는 동안 전쟁은 장기화되었다. 하지만 다행스럽게도 독일 공군은 영국 공군을 제압하지 못했다. 그리고 영국 공군 조종사들의 굳은 의지 때문에 히틀러는 영국 침공 계획을 포기해야만 했다. 상처 입은 도시 런던에서 삶은 다시 정상적인 흐름을 되찾을 수 있었다. 각자 최선을 다해 상처를 치료했다. 교회 재건축을 기다리는 동안, 헨리 로스는 임시로 급하게 수리한 예배당 탑에서 예배를 계속했다. 그리고 여전히 페이스는 예배를 지켜보았다.

페이스는 지역의 작은 스타가 되었다. 목사는 특별히 신경 써서 예배당에 페이스의 초상화를 걸었다. 초상화 아래에는 세상에서 제일 용감한 세인트어거스틴의 고양이에게 바치는 짧은 찬사를 적었다. 뒤에는 단순한 말로는 도저히 표현할 수 없는 공포와 위험을 견뎌낸 페이스의 모범적인 태도를 요약한 글이 이어졌다. 물론 이 짧은 설명 속에서 목사는 끝까지 제 새끼를 구하려 했던 페이스의 대단한 헌신을 강조하는 것도 잊지 않았다. "불과 물과 폐허 속에서, 흔들림 없이 침착하게, 페이스는 우리가 구하러 오기를 기다렸다."

페이스와 판다의 이야기는 여러 잡지에도 실렸다. 그리고 이 감동적인 이야기는 용기를 상징하게 되었다. 그 중에서도 일간지 〈이브닝 뉴스〉는 9월 8일의 무서운 밤이 5주년을 맞는 날 페이스의 사진과 상세한 기사를 내보냈다. 이는 마리아 디킨의 관심을 끌었다.

이 이야기에 감동한 마리아 디킨은 페이스의 용기에 보답하고 싶었다. 하지만 유감스럽게도 양쯔 강의 영웅 사이먼과 달리 페이스는 공식 군대 활동에서 공을 세운 게 아니었고, 민간 구조대 소속도 아니었다. 또한 아픈 동물들을 위한 진료소에서도, 그 부속 단체 연합군 마스코트 클럽에서도 페이스에게 상을 줄 수가 없었다. 결국 페이스는 명망 있는 디킨 메달의 영예를 누릴 권리가 없었다.

하지만 마리아 디킨은 특별 훈장을 설립하기로 결정했다. 그녀는 페이스에게 은메달을 수여했고, 거기에는 이렇게 적혀 있었다. "아픈 동물들을 위한 진료소에서, 와틀링 가 세인트어거스틴 교회의 페이스에게. 1940년 9월 9일 런던 전투에서 보여 준 꿋꿋한 용기를 기념하여."

페이스는 1945년 10월 12일 메달과 표창장을 받았다. 수여식은 물론 세인트어거스틴 교회(부분적으로 복원되었다)에서 열렸으며, 마리아 디킨과 캔터베리 대주교가 참석했다.

이듬해, 뉴욕의 '그리니치빌리지 인도주의 연합'에서 페이스에게 또 하나의 은메달을 보냈다. '패디 라일리 명예 은메달'이라는 이 훈장 덕분에 페이스는 다시 한 번 집중 조명을 받았다. 그러나 이런 성공을 거두었음에도 페이스는 한눈파는 일 없이 모범적이고 충실한 신도로 남았다. 1948년 9월 28일, 영국과 미국의 여러 신문이 세계에서 가장 용감한 고양이의 사망을 알렸다.

# 알고 계셨나요?

#### ＊ 카투스

처음에 라틴어 펠리스(felis)라 불리던 고양이는 카투스(cattus, 이후에는 catus)가 되었다. 이 단어는 4세기의 농학 논문에 최초로 나타났다. 카투스의 어원은 '기회를 엿보다, 노리다'라는 뜻의 동사 카타레(cattare)이다.

#### ＊ 들고양이(길고양이)

들고양이란 인간의 곁에 산 적이 있으며 야생 상태를 되찾은 고양이를 말한다. 처음부터 자연에서 태어났을 수도 있다. 그러나 그 모습이 어떻든 들고양이를 야생고양이(뒤에 나오는 '분류' 항목 참조)와 혼동해서는 안 된다. 들고양이는 엄연히 집고양이에 속한다.

가축으로 길들여진 동물이 야생 상태로 되돌아갔을 때, 우리는 이를 탈주했다고도 하는데, 이는 동물이 풀려나거나 도망을 쳐서 자유를 얻었기 때문이다. 자연으로 돌아간 동물들은 그때부터 인간의 직접적인 관리도 도움도 받지 않고 저희들끼리 모여서 살아가며, 야성 상태를 부분적으로 혹은 전적으로 되찾는다. 물론 이런 동물이나 그 후손은 다시 길들여질 수 있다.

고양이, 말, 염소, 돼지는 새로운 야생의 삶에 금세 적응한다. 이들은 자주 탈주하는 동물이기도 하다. 하지만 이런 현상은 당나귀, 소, 뿔닭, 양, 단봉낙타 등에서도 볼 수 있다.

오스트레일리아에서는 들고양이가 엄청나게 증식해 약 2천만 마리에 달하는 것으로 추산된다. 세계에서 들고양이가 가장 밀집한 도시를 꼽는다면, 분명 로마가 그 기록을 차지할 것이다. 로마의 들고양이 수는 30만 마리이다. 도시에서 들고양이들은 공원, 녹지, 묘지, 유적지, 상업지구의 주차장 등지에 모인다. 이들은 종종 작은 집단을 이루고 산다.

## ✳ 소리 지르는 고양이(chat-huant)

불어로 '소리 지르는 고양이'라 부르는 것은 우리의 충실한 벗 집고양이와는 아무런 관계가 없다. 이는 야행성 맹금류를 가리키는데, 울음소리가 고양이의 야옹거리는 소리와 조금 비슷하기 때문에 그런 애칭으로 불리게 되었다. 사실 '소리 지르는 고양이'는 올빼미(strix aluco)이다.

## ✳ 분류

2007년 설문조사에 따르면, 일부 동물학자들은 이제 고양이를 독립된 하나의 종으로 여기지 않는다. 야생고양이(felis silvestris)를 비롯한 6개의 아종이 있고, 그 중 하나가 집고양이(felis silvestris catus)라는 견해다. 다른 전문가들은 여전히 우리의 집고양이가 별개의 온전한 종을 이룬다는 입장이다. 집고양이를 제외하면, 나머지 다섯 개의 아종은 다음과 같다. 유럽야생고양이(Felis silvestris silvestris), 남아프리카야생고양이(Felis silvestris cafra), 아시아야생고양이(Felis silvestris ornata, 파키스탄, 인도, 중국에 분포), 중국산고양이(Felis silvestris bieti), 아프리카야생고양이(Felis silvestris lybica, 아프리카뿐 아니라 서아시아와 중동에도 있다). 집고양이와 마찬가지로 아프리카야생고양이도 이따금 독립적인 종으로 취급된다.

## * 표현과 속담

고양이가 등장하는 일상적이고 대중적인 표현과 속담은 셀 수 없이 많다. 지난 세월 동안 고양이의 행동이 인간의 상상력에 큰 영향력을 미쳤다는 확실한 증거이다. 몇 가지만 예로 들어 보자.

- 야윈 고양이처럼 내빼다(Courir comme un chat maigre): 무척 빠르게 뛰다. 겁먹은 고양이는 엄청난 속도로 뛰어 달아나기 때문이다.

- 고양이처럼 글씨를 쓰다(Ecrire comme un chat): 글씨를 아주 작고 신경질적이며 알아보기 어렵게 쓰는 사람을 빗대는 말. 고양이의 발톱과 재빠르게 이리저리 움직이는 앞발짓을 가리키는 듯하다.

- 고양이 세수를 하다(Faire une toilette de chat): 세수를 아주 대충대충 한다. 이상하게도 이는 사실과는 정반대이다. 고양이는 하루 두 시간 반 이상을 들여 열심히 꼼꼼하게 세수를 하기 때문이다.

- 개와 고양이 같은 사이(S'entendre comme chien et chat): 늘

서로 다투기만 하는 사람들을 이렇게 부른다. 이 표현 역시 사실과는 거리가 멀다. 여러 집에서 많은 개와 고양이가 아주 사이좋게 살기 때문이다.

• 고양이가 숯불 지나가듯 하다(Passer comme un chat sur la braise): 미심쩍은 사실을 재빨리 지나쳐 버리다

• 고양이가 쥐 갖고 놀듯 하다(Jouer au chat et àla souris): 고양이가 쥐나 새를 사냥할 때의 태도에서 비롯된 이 표현은 만남이나 토론, 다툼에 있어서 끊임없이 밀고 당기기를 일삼는 것을 가리킨다. 보다 일반적으로는 불유쾌한 상황을 잔인하게 오래 끈다는 의미가 있다(고양이가 쥐를 잡으면 한참 갖고 놀고 나서야 죽이는 것처럼).

• 좋은 고양이에 좋은 쥐(A bon chat bon rat): 자기방어를 잘하기 위해서는 공격하는 이보다 뛰어난 전략과 논거(글자 그대로의 의미와 비유적 의미 모두)를 이용해야 한다.

• 끓는 물에 덴 고양이는 찬물도 겁낸다(Chat échaudé craint l'eau froide): 모든 나쁜 경험은 교훈이 되며 신중함의 밑거름이 된다.

• 고양이가 없는 곳에서 쥐가 춤춘다(Quand le chat n'est pas là, les souris dansent): 지배력, 특히 제재의 권한을 행사하는 고위 권위자가 없으면 하급자들은 일을 덜하거나 빈둥거린다.

• 밤에는 모든 고양이가 회색이다(La nuit, tous les chats sont gris): 어둠은 사람이나 사물 들간의 모든 차이(특히 결점)를 없앤다.

• 자루에 든 고양이를 팔다(Vendre chat en poche): 판매할 물건을 제대로 보여 주지도 않고 협상하여 판매를 성사시키는, 몇몇 사기꾼들이 경이로울 정도로 숙달된 신기하고 아주 약삭빠른 방식(소위 말하던 고양이의 교활함과 관계가 있다).

• 고양이를 고양이라고 부르다(Appeler un chat un chat): 열렬한 혹은 격한 논쟁에서 대단히 솔직하게 자기 의견을 말하다.

• 채찍질할 다른 고양이가 있다(Avoir d'autres chats à fouetter): 중대한 관심사나 해결해야 할 긴급한 문제가 있는데 하찮은 대화나 상황과 마주하면, 어떤 이들은 "내겐 채찍질할 다른 고양이가 있어"(다른 할 일이 있어)라 응수한다.

• 목구멍에 고양이가 있다(Avoir un chat dans la gorge): 목이 쉬다.

• 고양이에게 혀를 주다(Donner sa langue au chat): 상대가 답을 알면서 묻는 질문에 대답하지 못할 때 모르겠다며 포기하는 것을 가리킨다. 아이들이 수수께끼나 말놀이를 주고받을 때 흔히 쓰인다.

## ✻ 미각

고양이는 인간보다 40배나 뛰어난 후각을 자랑하지만, 반대로 미각은 인간보다 다섯 배 둔하다. 예를 들어 고양이는 설탕의 맛을 전혀 모른다.

## ✻ 그레피에

주로 통속 문학에서나 음유시인들에 의해 사용되었던, 고양이를 가리키는 은어적인 단어. 무엇이든 찢어 버리는 고양이의 발톱(griffe)과의 유사성이 뚜렷하게 드러난다. 이는 또한 그레피에(법원의 서기)가 삐삑 소리를 내는 펜으로 열심히 종이를 긁으며 보고서를 작성하는 행동과도 연관된다.

## ✻ 랑그드샤(고양이 혀)

잘 알려져 있듯 랑그드샤는 납작하고 갸름하며 바삭바삭한, 맛있는 작은 과자이다. 하지만 이 말은 판화가들이 도구로 사용하는 끝이 아주 날카로운 끌을 가리키기도 한다. 그리고 18세기 후반 랑그드샤는 납작하고 길쭉한 조개를 가리켰다.

## ✻ 신체 사이즈

고양이의 몸길이는 꼬리를 제외하고 46~51센티미터, 꼬리

길이는 20~25센티미터 정도다. 고양이의 평균적인 몸무게
는 2.5~4.5킬로그램 사이다.

## ＊ 식생활

고양이는 위가 작고(300~330밀리리터) 장도 짧은 편이다
(1.2~1.4미터). 그렇기 때문에 고양이에게는 적은 양을 규칙적
인 간격을 두고 자주 먹는 것이 이상적이다. 또한 고양이의
소화 체계는 다양한 음식을 받아들이기에는 그리 적합하지
않다. 소화된 음식물이 고양이의 몸을 통과하는 데에는 12시
간에서 14시간 정도가 걸린다.

## ＊ 고양이 눈

광물학자들은 석면 섬유가 들어 있어 영롱한 광채를 내는 수
정을 묘안석(고양이 눈, 캐츠아이)이라 통칭한다. 그러나 천문
학자들이 말하는 '고양이 눈'은 따로 있다. 1786년 윌리엄 허
셜(1738~1822)이 발견한, 용자리에 있는 행성상 성운이 바로
'고양이 눈 성운'이라 불린다.

　　확실히 알아야 할 것은, 행성상 성운은 행성과도 고양이
와도 아무런 관계가 없다는 사실이다. 이 천체는 기체로 이
루어진 둥근 모양인데, 행성을 닮았다고 해서 '행성상'이라는

형용사가 붙게 되었다. 사실, 행성상 성운은 무게가 비교적 가벼운 별이 붕괴하여 백색왜성이 될 때 탄생한다. 고양이 눈 성운은 우리 은하에서 관측된 약 1,500개의 행성상 성운 중 하나다.

## * 청각

고양이의 청각은 35,000헤르츠까지의 초음파를 지각하며, 이에 반해 사람이 감지할 수 있는 주파수는 20,000헤르츠가 고작이다. 고양이는 27개의 소근육이 결합해 빚어내는 정교한 활동 덕분에 귀를 움직일 수 있고, 양쪽 귀를 따로 움직일 수 있다. 따라서 고양이는 외이(外耳)를 원하는 방향으로 매우 정확하게 돌릴 수 있고, 아주 미세한 살랑거림도 포착하여 즉시 소리의 위치를 파악할 수 있다.

## * 새벽

프랑스어의 포트롱-미네(potron-minet)라는 표현은 동틀녘, 새벽, 이른 아침을 가리킨다. 그러나 이 합성명사는 본래 19세기의 표현(se lever àpotron-minet 혹은 se lever dès le potron-minet)에서 왔다. 이는 아주 일찍 일어난다는 뜻이다. 여기서 포트롱(potron)이라는 말은 12세기의 단어 푸아트롱(poitron)에서

왔는데, 이는 라틴어로 엉덩이를 뜻하는 포스테리오(posterio)
가 변화한 형태이다. 미네(minet)는 물론 고양이를 부르는 애
칭이다. 설명하자면 다음과 같다. 동틀 무렵 일어나는 사람
은 밤 사냥을 마치고 집으로 돌아오는 고양이와 엇갈려 지나
갈 확률이 높다. 그런데 고양이는 꼬리를 높이 치켜들고 다
닐 때가 많으므로, 사람은 '고양이 엉덩이'를 보게 되는 것이
다. 이와 비슷한 표현은 일찍이 17세기부터 있었다. '다람쥐
엉덩이를 볼 만큼 일찍 일어나다(se lever dès le potron-jacquet)'
라는 문구다.


## ✻ 꼬리 ('골격' 참조)

영국 북잉글랜드 아이리시해의 맨 섬에는 유전적 돌연변이
때문에 꼬리가 없는 고양이가 있다(맹크스고양이).


## ✻ 골골대기

연구자들은 고양이의 골골거림이 몸 상태를 회복하는 효과
를 낸다고 생각한다. 실제로 골골거림은 뇌에서 나오는 진통
물질인 엔도르핀의 분비를 자극한다. 이는 상당히 설득력 있
는 설명이다. 고양이는 즐거울 때도 골골 소리를 내지만 아
프거나 다쳤을 때, 심지어 죽어갈 때도 골골거리기 때문이

225 🐾

다. 이 특징적인 소리는 인두, 후두, 그리고 고양이 몸의 많은 부분과 관련이 있는 일련의 근육 모두가 동시에 움직임으로써 발생한다.

## ✽ 골격

고양이의 골격은 250개의 뼈로 이루어져 있다. 쇄골과 흉골이 단 하나의 인대로만 연결되어 있기에, 고양이는 놀라운 유연함을 발휘할 수 있다. 고양이의 꼬리 척추뼈(척추의 연장이며 척수 마지막 부분을 포함하고 있다) 개수는 종에 따라 다르다. 이 꼬리는 균형을 잡는 데 중심적인 역할을 하며, 균형 잡기는 고양이가 보는 이를 당황스럽게 할 만큼 쉽게 통달하는 재능이다. 지붕 용마루나 발코니 난간대에서 조마조마한 묘기를 펼칠 때뿐만 아니라, 사고로 높은 곳에서 떨어져도 네 발로 무사히 착지하는 비결인 뒤집기 등 진정한 공중 곡예를 선보일 때도 말이다.

## ✽ 시각

고양이는 시야가 굉장히 넓으며(사람의 시야가 180도인 데 비해 고양이는 287도를 볼 수 있다) 입체감을 잘 지각한다. 반면 많은 육식동물이 그렇듯 고양이는 움직이지 않는 물체의 세부적 윤곽은 잘 알아보지 못하고, 움직이는 물체를 뛰어나게 포착한다. 이를 확인하고 싶다면 고양이가 눈으로 아주 작은 벌레를 쫓는 모습을 관찰해 보라.

흔히 생각하는 것과 달리 고양이가 완전한 어둠 속에서 완벽하게 앞을 볼 수 있는 것은 아니다. 하지만 고양이에겐 망막 뒤에 위치한 반사막(밤에 고양이 눈이 빛나 보이는 것은 이 때문이다), 매우 넓은 각막과 수정체, 크게 팽창할 수 있는 동공이 있다. 게다가 고양이의 눈에는 간상체(명암을 식별하는 시세포)가 무척 많다. 이런 특징들 덕분에 고양이는 빛이 부족해도 시야의 민감성을 향상시킬 수 있다. 즉 고양이는 아주 작은 빛이라도 포착할 수 있는 확실한 능력이 있고, 그래서 밤에도 잘 볼 수 있는 것이다. 반면 고양이의 눈에는 색을 구분하게 해주는 원추 세포가 적다. 따라서 많은 색깔을 구분하지 못한다. 예를 들어 고양이는 빨간색을 알아보지 못한다.

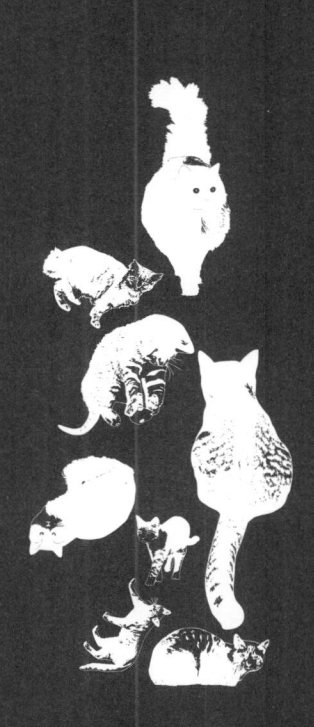

# 옮긴이의 말

우리 집 마당에 자주 놀러 오다 마침내 눌러앉아 버린 길고
양이가 있다. 하얀 털에 정수리에서 등에 걸쳐 누런 얼룩이
있는 수고양이다. 마침 이 책을 번역하던 날씨 좋은 초여름
에 안면을 트게 되었기에 책 속의 고양이 이름을 따 '슈슈'라
부르게 되었다. 도시의 길고양이는 대부분 천덕꾸러기 신세
이지만, 슈슈는 하수구를 따라 가끔 출몰하던 쥐를 없애주었
고 우리 집을 제 영역으로 삼기로 단단히 마음먹은 듯 이따
금 기웃거리는 다른 고양이들을 사납게 쫓아내어 마당의 파
수꾼 역할을 톡톡히 했기 때문에 먹이를 받아먹으며 마당에

머무르게 되었다.

　대문 삐걱대는 소리나 현관문 여닫는 소리가 들리면 어디선가 나타나 야옹거리며 밥을 조르고, 그릇에 부어준 사료를 다 먹으면 내 발치에 뺨을 비비며 친근감을(혹은 영역을) 표시할 정도로 경계심이 많이 풀어졌지만, 녀석은 비바람 몰아치는 궂은 날에도 집 안에 들어온다거나 사람의 품에 스스로 안기려는 생각은 절대 하지 않는다. 먹이를 주는 건 고맙게 여기겠지만 지나친 간섭은 달갑지 않으며, 때때로 춥고 불편하더라도 담과 슬레이트 지붕을 마음껏 오르내리며 제가 영역으로 삼은 우리 집 주변을 감시하고, 이따금 마당의 곤충과 새를 노릴 수 있는 지금의 생활을 쉽게 버릴 생각은 없다고 말하는 것 같다.


　오래전부터 개를 키우고 있지만, 반려동물로서 가장 인기 있는 동물의 자리를 나란히 차지하고 있음에도 개와 고양이는 참 많은 점에서 다름을 느낀다. 사실 오랜 품종 개량을 거쳐 형성된 애완용 소형 개는 대부분 그 조상인 늑대의 흔적을 거의 발견할 수 없을 정도로 사람과 함께하는 집안 생활에 익숙해져 야생 생활을 잘 버티지 못한다. 반면 고양이는 집 안에 있더라도 마치 대형 맹수를 크기만 작게 줄여 그대로 가져다 놓은 것처럼 야생성을 고스란히 지니고 있다. 기회만 주어지면 능숙한 사냥꾼의 본능을 유감없이 발휘하는 것은 물론, 개와 고양이를 소재로 한 다양한 유머에서 볼 수 있는 것처럼 고양이는 사람을 '주인'으로 인식하여 복종하는 것이 아니라 한 공간을 공유할 뿐인 동등한 생물로 여기는 것 같다. 제 마음이 내키면 한없는 애정을 표시하면서도 그럴 마음이 들지 않으면 새침하게 외면하는 것이다. 주인에게 버림받아, 혹은 잠시의 가출로 집을 뛰쳐나왔다가 미처 돌아가지 못해, 도시의 뒷골목을 누비며 저 스스로 먹을 것을 찾아야 하는 신세에 처하더라도 고양이는 다른 동물에 비해 강인하게 버티는 편이다. 제 핏속에 흐르는 야생의 본능과 독립성을 재빠르게 되찾아 가며 말이다.

그래서일까, 급성장한 도시 생태계 속에서 몇 안 되는 '야생 동물'로서의 지위를 차지하고 있는 길고양이는 삶을 향한 치열한 투쟁 속에서 때로 부당하게 여겨질 정도의 구박과 미움을 받기도 한다. 쓰레기봉투를 찢어 음식물 쓰레기를 어지르고, 발정기면 특유의 날카롭고 거슬리는 울음소리를 내고, 번식 주기가 짧아 개체 수가 쉽게 늘어난다는 등의 이유에서다. 물론 이런 행동이 사람에게 적지 않은 불편을 끼치는 것은 사실이나, 고양이 처지에서는 생존을 위한 절박한

몸짓이라는 점을 생각하면 애처로운 마음이 드는 것은 어쩔
수 없다.

  '고양이의 역사'와 '고양이에 대한 이야기들'이라는 두
부분으로 나뉘어 고양이에 대한 (거의) 모든 것을 설명하고
있는 이 책에서, 저자 다니엘 라코트가 고양이가 '무관심의
대상'이었던 적은 결코 없다는 사실을 반복하여 강조하는 것
은 아마 그러한 이유에서일 것이다. 농경 문명이 싹트던 시
절 이집트의 비옥한 삼각주 지대에서 곡식을 위협하는 쥐
를 쫓으며 인간의 곁에 다가온 이후, 고대 이집트에서 모성
과 다산을 상징하는 여신과 결부되어 신과 같은 대접을 받고,
중세에는 마녀의 친구이자 사탄의 하수인으로 몰려 갖은 고
초를 겪고, 근대에 접어들어 예술가와 지식인들의 벗으로 다
시금 사랑을 받게 되기까지, 고양이를 대하는 사람들의 감정
은 열렬한 애호 아니면 강렬한 혐오라는 양 극단을 오갔다.
  이러한 현상은 오늘날에도 예외는 아닌지라, 고양이를
좋아하는 이들은 그 아름다운 모습과 흥미롭고 신기한 행동
에 대한 찬사를 아끼지 않지만 오래된 믿음에 따라 고양이
를 '요물'로 여겨 꺼리거나 어둠 속에서 빛나는 눈이나 어린
아이 울음소리를 연상케 하는 발정기의 독특한 울음소리 등

의 이유로 고양이를 두려워하는 이들도 많다. 고양이의 강인한 생명력과 독특한 개성에서 기인한, 조금은 슬픈 현실이라 하겠다.

이 책은 고양이가 겪어 왔던 그런 파란만장한 역사, 고양이에 얽힌 일화와 미신들과 더불어 야생의 맹수에서 우리 곁의 집고양이에 이르기까지의 진화의 과정, 고양이를 사랑하고 아꼈던 역사 속 유명인들, 고양이의 생태와 습성에 관한 이야기들을 상세하고 흥미롭게 설명한다. 동물학에서 역사학, 해부학, 동물행동학, 문학, 전설과 민담에 이르기까지 저자가 풀어놓는 지식의 범위는 다양하고도 넓다.

무엇보다도 저자는 고양이와 더불어 조화롭게 살아가기 위해서는 먼저 고양이를 잘 알고 이해할 필요가 있다는 점을 가장 강조한다. 그리 두껍지 않은 이 책과 함께하는 동안, 독자 여러분은 우리에게 친숙하면서도 아직 많은 수수께끼를 지니고 있는 고양이라는 동물에 대해 많은 새로운 사실을 발견할 수 있을 것이며, 이는 이미 고양이를 반려동물 삼아 사는 분에게든 한 번쯤 밤거리의 쓰레기장을 배회하는 길고양이와 마주쳤던 경험이 있는 분에게든 가까이 있는 고양이를 새로운 눈으로 바라보고 이 작은 동물이 인류와 함께해 온

긴 역사를 생각해 볼 기회가 되어줄 것이다.

특히 이 책에서 소개하는 고양이를 애호했던 이들의 목록은 길기도 하거니와 얼핏 생각하기엔 뜻밖인 인물들도 섞여 있다는 것이 흥미롭다. 뒤마의 유명한 『삼총사』를 통해 냉철한 실리주의적 정치가로 알려진 리슐리외 추기경이 아기 고양이들을 몹시 귀여워했다는 사실을 알고 나면, 갑자기 그가 인간적이고 친근한 인물로 느껴질지 모른다. 접견 중인 교황 비오 9세의 무릎 위에서 느긋하게 잠든 고양이를 보며 엄숙한 고위 성직자들은 무슨 생각을 했을까? 또한 고양이를 뮤즈처럼 영감을 주는 존재로 여겼던 작가와 예술가들, 고양이가 등장하는 많은 작품들의 목록은 이 책을 덮고 나서 새로이 시작될 독서 목록을 제공해 준다. 샤를 페로의 『장화 신은 고양이』에서 뮤지컬 『캐츠』에 이르기까지, 고양이가 주인공으로 나서는 문학작품의 목록은 방대하고도 다양하다.

마지막으로, 고양이의 아름다움에 한껏 매혹되었던 시인 샤를 보들레르의 아름다운 시 한 편을 소개하며 옮긴이의 글을 마치고자 한다. 보석처럼 빛나는 눈과 날렵한 몸매를 지닌 고양이에게서 보들레르는 비밀스러운 매력을 지닌 사랑하는 여인의 모습을 본다. 저자의 바람대로 이 책이 여러분이 고양이를 더 깊이 알고 그 매력을 발견하는 데 도움이 되기를, 그리고 이 책이 저자의 의도를 잘 전달하여 여러분의 이해에 보탬이 되는 번역이기만을 바란다.

## 고양이

오너라, 내 아름다운 고양이, 사랑하는 나의 가슴으로
네 발의 발톱일랑 넣어 두고
네 아름다운 눈에 빠져들게 해 다오
금속과 마노가 뒤섞인 네 두 눈에
내 손가락이 한가로이
네 머리와 나긋한 등을 어루만지고
내 손이 쾌락에 도취되어
네 짜릿한 몸을 만질 때면
내겐 내 여인이 떠오른단다, 그녀의 눈빛은
너를 닮아, 사랑스런 짐승아
깊고 차가우며, 투창처럼 베고 찢지
그리고 발끝부터 머리까지
오묘한 분위기, 위험스런 향기가
그녀의 갈색 육신 주변에 떠돌고 있단다.

# 고양이의 기묘한 역사
### *Le Chat et ses mystères*

1판 1쇄 인쇄 2012년 11월 1일
1판 1쇄 발행 2012년 11월 8일

펴낸이 김준영
출판부장 박광민
지은이 다니엘 라코트
옮긴이 김희진
편집 신철호 현상철 구남회
디자인 이민영
마케팅 유인근 박정수
관리 조승현 김지현

펴낸곳 사람의무늬
110-745 서울특별시 종로구 성균관로 25-2
등록 1975년 5월 21일 제1975-9호
전화 02)760-1252~4 팩스 02)762-7452
http://press.skku.edu

ISBN 978-89-7986-953-8 03900